収納上手にならなくてもいい

片づけのルール

成美堂出版

はじめに

「私、収納上手じゃないですよ」

実は、今回の取材で、何度も聞いた言葉です。
すっきり片づいた部屋を、見事に実現している人たちの多くが、
口を揃えて、同じように言うのです。

扉を開けても、引き出しを覗いても、
すき間なくものが詰まっていて、使いやすく整っているのは理想ですが、
そんな収納上手になるのは簡単なことではありません。

でも、〝片づく部屋〟の住人たちが、こぞって収納上手ではないというのですから、
収納上手にならなくても、部屋は片づくということ。

本当に目指すべきは、〝片づけ上手〟なのです。
そんな片づけ上手になるための片づけのルールを、
たくさんのお宅を拝見しながら、伺ってきました。

そこには、それぞれ独自のルールがあり、
「お！ これなら、私にもできる」と思わせてくれるアイディアが満載です。
そんななかから、あなた自身の暮らしに合う
〝片づけのルール〟をぜひ見つけてください。

目次

片づく部屋ってどんな部屋？

片づく部屋とは、〝指定席に戻す〟作業がしやすい部屋

この本では、さまざまな人に片づく部屋をつくるための、〝片づけのルール〟を伺いました。

ルールは、人それぞれ独自で、運用法もいろいろ。

でもすべてに共通するルールもあります。まずは、それを整理しておきましょう。

共通ルール 1

出しっぱなしになっているものに、指定席を決める

本から顔を上げて、部屋をぐるっと見渡してみてください。今、そこに散らかっているものひとつひとつに、戻すべき場所はありますか？　その戻す場所こそが指定席。「新聞はここ。カバンはあそこ」と、すぐに指定席が言えるとしたら、今、散らかっていたとしても、ひとまずOK。でも、案外、戻すべき場所がないものが、いくつもあることに気がつくはずです。戻すべき場所がないのに、片づくことなんて、あり得ません。「ちょっとの間だけだから」と、指定席を決めないでいると、その積み重ねが片づかない原因に。「ちょっとの間だけ」というものの指定席まで、きちんとつくることが肝心です。

共通ルール 2

使う場所のそばに指定席を決める

ものは使うために持っています。使うたびに、ものは指定席から出てくるわけです。そして、元の場所にそれを戻すことで部屋は片づき、戻さないと部屋は散らかります。指定席があるのに、ものがなかなか、そこに戻っていかないとしたら、それは指定席の場所が間違っているということ。つまり、戻すのが面倒な場所を指定席にしているということ。元に戻すのに多大な労力がいると、人は、それを後回しにしてしまいがち。「またすぐ使う」と思えばなおさらです。だから、ものを使う場所のすぐそばに、指定席をつくることが大切。そうすると、指定席に戻すこと＝片づけることが簡単になり、使うときだって、さっと取り出すことができてラクになります。

共通ルール 3

指定席にものを詰め込みすぎない

片づけやすい場所に指定席を決めたのに、ものがそこに戻らない。それには別のわけがあります。指定席がすでに満席で、そこにものを入れる余地がないのです。きちんと奥から詰めれば、指定席ですから、席はあるのかもしれません。でも、いろいろなものが出たり入ったりする場所である以上、きちんと奥から詰めてという作業をいちいちやっていられないのが、毎日の生活です。指定席は少し余裕があってこそ、役割を果たします。その場所であまり使わないものから順に違う席へと移ってもらい、いつでもパッとそこに戻せるくらいに指定席に余裕を持たせましょう。

共通ルール 4

片づく時間、片づく日をきちんとつくる

人が日常生活を続ける以上、ものを出して使うということが繰り返されます。ということは、どんなにきちんと片づいた家だって、散らかっている状態になることがあるのです。散らからない部屋なんて、人が住んでいないモデルハウスくらいなものでしょう。二度と散らからない収納ワザなんて幻想なのです。でも、散らかる部屋と、片づく部屋の決定的な違いがあります。それは片づく部屋は散らかったままにはならないこと。散らかった後に、ものを指定席に戻すという作業が行われているのです。散らかりが慢性化してからでは、元に戻す作業がどんどん大変になってしまうから、できるだけ日常的にきちんと片づく時間をつくることが重要です。

共通ルール 5

もののデザインや色にこだわりを持つ

指定席に戻す作業をラクにするためには、できるだけアクションを減らすことが大切。扉を開けて、その中の引き出しを開いてという動作は積み重なるととても面倒。オープン棚にのせるだけ、バーにひっかけるだけなら、戻す作業はぐっとラクになります。でも、その分、ものが丸見えになるというデメリットも。そこで、もののデザインや色が重要になってくるというわけです。デザインがよくないと指定席に戻ったところで、目に入ってきて片づいた感じがしませんし、色が氾濫しているとごちゃごちゃ見えます。逆にデザインにこだわり、色数を減らせば、究極的には出しっぱなしでも散らかって見えない、そんな部屋にすることも可能なのです。

共通ルール 6

ものを持ちすぎない。暮らしのスペースに合った物量を

指定席をつくっても、片づけが面倒にならない工夫をしても、それでも部屋が片づかないなら、持っているものの量が自分の暮らしている部屋のスペースに合っていないということが考えられます。ものを持ちすぎということです。そうであれば、やっぱり、ものを減らす努力も必要となります。使う頻度が高い順に使う場所のそばに指定席を設けていき、あまり使わないものは出し入れしにくい場所へ。そして、まったく使わないものの中で不要なものを処分の候補に。家を見渡せば、何が入っているかさえも思いだせない箱や引き出しがあるはず。まずは、そのあたりから始め、それを持つ理由をひとつひとつ考えれば、処分すべきものは見極められるはずです。

共通ルール 7

自分の暮らしに合わせる。自分の頭で考える

この本にはもちろん、巷にも、いろいろな片づけ法の情報があふれています。それを単に真似しただけでは、残念ながら、片づく部屋にはなりません。部屋が違い、持っているものが違い、住んでいる人の暮らし方、そして性格も違うからです。最終的には、自分の暮らしに合っていなければ、どんな方法も続きません。だから、「どうしてこれはここに収納しているんだろう？」そんな疑問を自分に投げかけ、ひとつひとつ自分で解答を見つけなければなりません。もちろん、ヒントはこの本の中にいっぱいあります。でも、結局は自分の頭で考え、自分に合った方法で運用することが何より大切。それができて初めて、本当に片づく部屋があなたのものになるのです。

Chapter 1

おしゃれな人の、片づく部屋&片づけのルール

料理家

スタイリスト

雑貨店経営

器店オーナー

エディター

インテリアショップ副店長

センスを武器に、クオリティの高い仕事をしているおしゃれな人。
そんな人だって、毎日の暮らしの中では、〝片づけ〟を続けています。
でも、そこはやっぱり、おしゃれな人。
〝片づけ〟という地道な作業にも、それぞれに、オリジナルなルールがあり、
センスをキープできる秘密がありました。
忙しい時間をやりくりしながら実行しているルールばかりなので、
今日から、私たちも真似できるヒントがいっぱい見つかります。

料理家 ワタナベマキさん宅

シンク上には吊り戸棚をつくらず、オープンに。おかげで空間が広々。壁の棚は入居後、家具をつくってもらった『monokraft』に依頼して設置。

ワタナベマキさん宅の片づけのルール

その1
出しっぱなしでも美しい「用の美」のある道具を選ぶ

眺めて美しい道具を選んでおけば、つねに〝しまう〟ことを考えなくてもOK。出しっぱなしでも散らかって見えないものを増やすことで、片づけハードルがぐんと下がるのです。

その2
ものを置かないと決めた棚。あえて、意識的につくる空白

どこかに空白があると、少々まわりが散らかっていても、案外、気にならなくなります。ほかはダメでもここだけはきれいにするという場所を死守することで、片づいて見えます。

その3
出しやすい、しまいやすい。毎日の行動から収納場所を決める

自分の行動に合わせ、使う場所に収納場所をつくれば、出し入れがラクになります。面倒な場所にしまうから、出しっぱなしを生み、散らかりの原因になってしまうのです。

上）土つき野菜用のたわしは、ふたが割れた急須の中が定位置。しまい込むと使いにくいし、乾きも悪いので、実用を考えた収納場所です。
下）上から順に、根菜入れ、しょうゆ入れ、器用の水切りかご。どれも出しておくほうが使いやすいものたち。見て美しいものを揃えれば、置いてあるだけで、出しっぱなしでもおしゃれ。水切りかごが不要の際は冷蔵庫の陰（コンロ横）に移します。

おやつ入れ。ここに入れればパッケージの派手な色も気になりません。上段に置いているのは、息子さんの手が届かないようにするため。

朝食に必要な器や道具はひとつの引き出しにまとめました。おかげで、朝の忙しいときもさっと準備ができ、動線に無駄がありません。

コンロの背面の棚は扉つきにし、雑多なものを収納しました。普通は冷蔵庫を置く位置なので、すぐに手が届く便利な収納場所です。

収納ポケットや回転式のトレーなどがついているボビーワゴン。さまざまな形のものが多いキッチンで、大活躍しています。

見た目だけではなく、使い勝手も考えているから片づけがラクなんです

キャスター付きで四方から使えるので、ハーブのびんも、取り出しやすく一挙に納まりました。パッと見渡せるので存在も忘れません。

ワタナベマキさんは、人気の料理家。仕事柄たくさんの調理道具や器があるうえ、散らかしざかりの3歳の男の子がいるのに、そうとは思えない、すっきりした暮らしぶりです。でも、そんな片づいた家にありがちな、人をよせつけない殺風景さは皆無。ぬくもりある空間になっています。

「いつも完璧に片づいてるわけじゃないですよ。でも、〝ここだけはきれい〟、そんな場所をつくるように意識しています。それだけで、気持ちが全然違いますよ」とワタナベさん。リビングのローボード上と、キッチンの棚の一部がそれ。白壁がスコンと抜けて気持ちよく、ほかが少々散らかっていてもOKと思わせてくれるそう。

また、キッチンの棚に、ずらりと並んでいるものの美しいこと！雑貨屋のディスプレイさながらですが、どれも毎日、頻繁に使う道具たち。だから、出しやすくしまいやすいオープン棚が定位置になっています。棚の中にあっても、外に出しっぱなしでも、散らかって見えない道具たちを揃える、そんな選択をしていることも、部屋が片づいて見える理由。そして、その暮らしの道具が空間を彩るから、部屋全体に人のぬくもりが感じられるのです。

使いやすい位置につくった〝空白〟。調理中の補助スペースになるだけでなく、余白が美しさをもたらします。ワタナベさんは鍋でごはんを炊くので炊飯器は持ちません。

オープンな棚の下は扉つきの棚を設置してもらいました。白いホーローの容器の中には頻繁に焼くというパン用の小麦粉を入れています。ガラス製のボウル類、ホーローの保存容器は同じ大きさのものだけ積み重ね、出し入れしやすくしています。

住まいのデータ

＊神奈川県在住
＊夫と３歳の男の子との３人暮らし
＊３ＬＤＫ　85㎡
（１部屋は夫の事務所）
＊築１年

ワタナベ・マキさん
料理家。体と心にやさしい、日々のごはんが得意。著書に『サルビア給食室のおいしいおもてなし』（筑摩書房）、『サルビア給食室のきちんと朝ごはん』（枻出版社）など、多数。

来客の多いワタナベさん宅なので、湯のみ茶碗はダイニングの棚のかごの中へ。かごごとテーブルに移動させることもできて便利。

以前のお宅では縦置きにしていたという棚を横置きにして、ダイニング側の収納庫に。ワタナベさんがつくる保存食が並びます。

上）以前の家でも使っていたローボードの中には仕事で使う器がぎっしり詰まっています。色別、素材別に収納し、どこに何があるかを自分なりにわかりやすくしています。右）上は飾りも最低限。「夫にも子どもにも、ここにはものを置かないよう頼んでいます」。

つい何かを飾りたくなる壁面ですが、あえて白く残すことで空間に広がりを感じさせています。テレビも棚の上にのせず、床置きという徹底ぶり。

空白がもたらす心の余裕。
おかげで、散らかるときがあっても、
鷹揚とした気分でいられます

散らかす、片づけのメリハリをつける

「遊ぶときは思いっきりおもちゃを広げさせますよ」。その後いっしょに片づけることで、メリハリをつけています。片づいた部屋の気持ちよさを感じればこそ、片づけられる子に育つのかも!?

『STANDARD TRADE』オリジナルのトレーを重ねて、仕事、子ども、家と書類を分類。常に届く紙類なので、指定席は大事。

料理家 サルボ恭子さん宅

ほかの家具と調和させるべく、水屋だんすはシンプルなものを選択。雑誌を収納するはしごは、日本の古道具店で購入したイギリス製。

サルボ恭子さん宅の片づけのルール

その1

片づけはざっくり&ゆるやかに。労力はかけすぎない

子どもや夫に片づけに参加してほしいなら、自分にしかできない細かいルールを決めないのが得策。〝大体ここに戻ればよし〟くらいに、おおらかに構えるほうが、逆に片づきます。

その2

使うもの以外は増やさず、〝身の丈〟量を厳守する

スペースは限られているから、持つのは本当に使うものだけ。新しいものを買いたかったら〝空き〟をつくってから。なんでも欲しがるのではなく、〝身の丈〟をつねに意識します。

その3

空間に合うものを選び、統一感&テイストを崩さない

新しくものを買うときは、それが部屋に入ったときの雰囲気をイメージします。この空間に合うものだけと決めると、ものは増えないだけでなく、ごちゃごちゃして見えません。

上）リビングダイニングの真ん中に置かれた大きいダイニングテーブル。料理教室のときの食事もここで。下）ダイニングテーブルや水屋だんすは大きいものを選んでいるので、テレビはコンパクトに。自分にとっての大切なものがわかっているからこその選択です。

作業カウンターのキッチン側はオープン棚なので、必要な道具や食材にすぐ手が届きます。出しやすく片づけやすい位置なので、よく使うものを置きます。

キッチンとリビングの間には『IKEA』で購入した大きな作業カウンターが。適度な間仕切りになりつつ、でも、分断はしないので、調理中も家族の様子がわかり、会話もはずみます。

住まいのデータ

＊東京都在住
＊夫と12歳、14歳の子との４人暮らし
＊３ＬＤＫ　90㎡
＊築15年

サルボ・キョウコさん
料理家。フランスの気取らない家庭料理を得意とし、料理教室を主宰する傍ら、雑誌などでレシピを発表。著書に『「ストウブ」で作るフレンチの基本』（実業之日本社）などが。

水屋だんすは日本の古いもの、木の質感あふれる素朴なテーブルはイギリスの農家で使われていたもの。食器や雑貨はモロッコやフランスのもの。そんなさまざまな出自のもので構成される、料理家、サルボ恭子さん宅。無国籍的で独特な魅力を持つこの家に、フランス人のご主人と2人の子との4人暮らしです。「日本でフランス人との暮らし。だから、いろいろなものがミックスして当然。この家は、うちの家族そのものなのかもしれませんね」とサルボさん。

広いとは言えないリビングダイニングですが、きちんと片づいた空間。「狭いので、ものが増えると圧迫感があるんです。だから、欲しいものはいろいろあっても、〝身の丈〟にあった量を維持すると決めています」。ものを持ちすぎない、あたりまえのようでいて、なかなかできることではありません。仕事柄多い食器を収納するための水屋だんすは大きく、でも、その分テレビは14インチ、ソファも小さめ。何もかもを手に入れようとはせず、自分たちの暮らしにとっての優先事項がはっきりわかっているからできる潔い選択。片づいている部屋は、暮らしている人の信念のようなものまでもが、垣間見えてくるのです。

キッチンシンク前の窓のちょっとしたスペースに細かいツールを立てて収納。テリーヌ型には、にんにくやこれから使うハーブを。

〝使える〟ことを意識して選んだ
見て美しい道具や器は、
そのまま置いてもおしゃれ！

1 冷蔵庫の側面にマグネット式のナイフホルダーを。穴を空けて留め付けることはできないので、ホルダーの裏に強力マグネットを貼って取り付けました。**2** 各種酒類や調味料はブリキの箱にまとめてすっきり。**3** 大きなすり鉢には、玉ねぎなど常温でおいておける野菜を入れて見せる収納。**4** 京都の古道具屋さんで買ったイギリスのふた付きつぼには、粗塩が。たっぷり入るので重宝。奥の大きなマスタードびんには、キッチンツールを収納。どちらも、ガスレンジで使うことが多いものなので、レンジ横が定位置です。**5** シンク上の吊り戸棚下にはフックを取り付けて毎日使う家族４人分のマグカップを吊るします。パッと取り出せ、片づけも簡単。**6** フランスの鋳物鍋メーカー、ストウブ社の鍋をサルボさんは愛用。ふたを裏返せば重ねられるので案外コンパクトに納まります。

素朴な雰囲気、素材感、
使い込まれた味わい。
共通項が調和を生みます

1 玄関に取り付けたフックは、来客時にコートなどを掛けておきます。こういう場所があるだけで、スマートに人を迎えられ、散らかった印象になりません。**2** 玄関には自然素材のかごを置いてスリッパ入れに。**3** 階段に置かれたかごは、2階へ持って行きたいものをとりあえず入れておく場所。上へ行く用があるときに、まとめて持って行くことができて便利。

2階にある和室は夫婦の寝室。レンガと板を積み重ねて本棚を設置しました。子どもも親も、個人のものは個人で管理と決め、寝るときに2階のそれぞれの部屋へ持って上がることをルールにしているのだそう。

さまざまな出自のものが、自然となじんでいます

日本の作家のガラス器、モロッコのミントティー用グラス、フランスのストウブ社のポットとアンティークのキャンドルスタンド。いろいろなものがミックスされているのに、ハーモニーがあります。

○○○はどこへ？
MEMO

[リモコン]

生活を便利にするはずのリモコンが
部屋を散らかす原因になってしまうことも。
片づけの達人たちの解決策は？

携帯電話などを入れるフェルトポーチにリモコンを入れ、ソファそばの棚にひっかけました。くつろぎながらもすぐ手が届く、かわいいアイディア。（P42～の山村さん宅）

テレビ台の上に、ワイヤ×木でできたかごを置いて指定席に。しまい込むと使いにくいから、この位置に。（P74～の村上さん宅）

テレビ、ＤＶＤ、オーディオのリモコンをこのマルチリモコン１本で操作できるように設定。１本だけなのでテレビ前のサイドテーブル代わりの缶の上が定位置。（P114～のＫさん宅）

テレビ横に設置してある棚の中のかごにリモコンが大集合。取っ手がついているので、このまま持ち運ぶこともできます。（P61～のEmiさん宅）

キッチンカウンター下のかごに家じゅうのリモコンを集めました。仕切りのついているかごは、自身でつくったもの。立てて収納できるので便利です。（P110～の裕子さん宅）

ソファの前においたローテーブル下の棚にリモコンを。上にあると散らかって見えるので、パソコン、ティッシュ箱も同じ場所に置き、すっきり！（Ｐ１０４～の吉永さん宅）

スタイリスト 大御堂美唆さん宅

キッチンとダイニングの間に食器棚をレイアウト。出しやすさ、片づけやすさを考慮して、配膳動線の間に配置しました。

引き出しには薬、電池、メジャーなど、よく必要になるもの、下には読み終えた新聞を。片づけやすい場所なので、出しっぱなしを防げます。

ダイニングからすぐ手が届くコーナーに置いた飾り棚兼収納棚は、元々は重厚な茶色でした。空間に合わせて白色にペイント。

真っ白な空間にエレガントなものと、モダンのものを共存させたミックススタイルのリビングダイニング。「白は部屋をすっきり見せてくれますよ」。

まわりが散らかりがちなパソコンをリビングに置かないのも片づく秘訣。でもよく使うものなのでリビングのすぐ隣を専用ルームに。

大御堂美唆さん宅の片づけのルール

その1
散らかるとわかっていても 一日一度のリセットを繰り返す

〝どうせ〟〝すぐに〟散らかるからとあきらめるのではなく、一日一度は片づいた部屋に戻す努力を。片づいた部屋の気持ちよさを家族に知らせることが、片づく部屋への第一歩。

その2
ものを〝返す場所〟を必ず決める。片づけのときに迷いません

片づけるときにこれはどこへしまおう?と迷うものが、出しっぱなしを生みます。ものが返っていく場所を決め、家族にもわかりやすくしておけば、片づけ作業はラクになります。

その3
ほかの家と違ってもいい。暮らしに沿った片づけ場所を

自分の暮らしにとって都合がいいところを片づけ場所に。ほかの家と違っていてもいいのです。〝これは、ここ〟的思いこみを捨てると、暮らしやすく、片づけやすくなります。

寝室に靴を!?
常識にとらわれず、
暮らしに合わせた収納に

大御堂さんの靴はすべて寝室に収納。ここで全身コーディネートをするからという合理的な理由によって、この方法を選択しました。靴は玄関という常識には、とらわれません。

朝、3階の寝室で着替え、靴も合わせてコーディネート。そのまま靴を持ってリビングのある2階へ。出かけるまで階段に靴は待機。

左写真のクロゼットに入らない靴は、靴箱に入れて棚に収納。靴の写真を貼っておけば、一目瞭然に探しているものが見つかります。

大御堂さんは、テレビや雑誌の企画で多くの家を片づいたおしゃれな家へと変身させてきた、インテリアスタイリスト。片づかない家を多く見ているからこそ、のルールが大御堂さんにはあり、当然、きちんと片づいた空間をつくり上げています。

「家族が散らかすから片づかないと思っている人は、まず、家族にすっきり片づいた部屋の気持ちよさを伝えるべき」と大御堂さん。すっきりした空間なら、ものがすぐに見つかり、片づけるのも簡単。その快適さを知ることで、家族も協力的になり、片づく循環が生まれていきます。

もうすぐ3歳の男の子がいる以上、大御堂さん宅が散らかっていることだって、もちろんあります。でも、必ずリセット時間を設けているそう。「少しでもきちんと片づいている時間をつくると、徐々に散らかりもひどくなくなり、片づく部屋になっていきますよ」。

どうせ散らかるからと、あきらめるのではなく、一日一度のリセットを習慣化。そうすることで、取り返しがつかないほどに散らかることなく、ものを定位置へ戻すのも簡単に。片づけは日々の繰り返しだから、コツコツと手当することが、やはり大事なのです。

クロゼットを背にして寝室を見たところ。壁一面をクロゼットにしたおかげで、寝室はいつもすっきりさせることが可能に。ワインレッドのベッドカバーでシックな空間。

壁一面には造り付け収納ではなく、『IKEA』の収納クロゼットを並べました。デザイン、値段、使い勝手のバランスがいいというのが、これを選んだ理由。

洋服下においた箱に、仕切りのあるバスケットを入れ、ベルトを収納しています。ファスナーつき保存袋にはチェーンのベルトなどを入れ、絡み合わないよう工夫。

住まいのデータ

＊東京都在住
＊夫と２歳の男の子、母との４人暮らし（１階がお母さん宅、２、３階が大御堂さん宅）
＊築１年

オオミドウ・ミサさん
雑誌、テレビで活躍中のインテリアスタイリスト。一般家庭の住まいを快適にする企画も多数経験。著書に『家族が幸せになる家、建てました』（オレンジページ）など。

この引き出しはパンツ類。重ねてしまうと取り出しにくいので、立てて収納。長さが揃うようたたんでから、幅を半分に折っています。

引き出しの中はカットソーやセーターを収納。たたんでから、くるくる巻いて入れ、パッと色を見て取り出せるよう工夫。

『ＩＫＥＡ』で購入した子ども用のクロゼット。子どものものは細かいものが多いので、布製ボックスを入れて引き出しのように使っています。

テレビ台だった家具をペイントし、大御堂さん自ら絵を描きました。おもちゃはざっくり収納が便利。

3階にある息子さんの部屋。この部屋だけはカラフルに赤と水色を使ってコーディネートしています。「かわいらしい部屋づくりは子どもが小さいうちしか楽しめないから」とエンジョイ中。

リビングのおもちゃは ときどき入れ替えて数量制限

リビングにもおもちゃはありますが、量は制限しています。ときどき子ども部屋のものと入れ替えるので、子どもも飽きません。テレビの下、目立たない袖壁の陰が、リビングでのおもちゃの定位置。

基本は隠す収納。 外に置いて見せるものは、 本当にかわいいものだけ

壁に絵本収納スペースを手作りし、絵本は見せて収納。片づけやすいので２歳の息子さんも自分で元に戻せるようになってきたそう。

化粧品を収納するスペースがなかったので、お母さん自ら、窓に木枠をはめて扉をつけ、簡易棚をつくりました。DIYもお手のもの!

同居するお母さんの部屋。布もの作家でもあるので大量の材料をワンルームに収納していますが、さすがのすっきりぶり。カラーボックスや100円ショップのかごを上手に活用しています。

同じものを並べることで すっきり見せて 片づけやすく

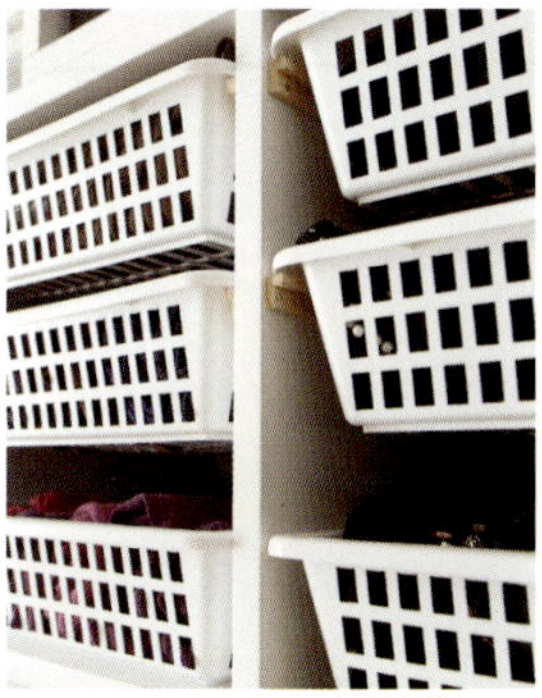

カラーボックスの側面に角棒を貼り、かごを支えています。簡単なことですが、かごがまるで引き出しのように使えます。

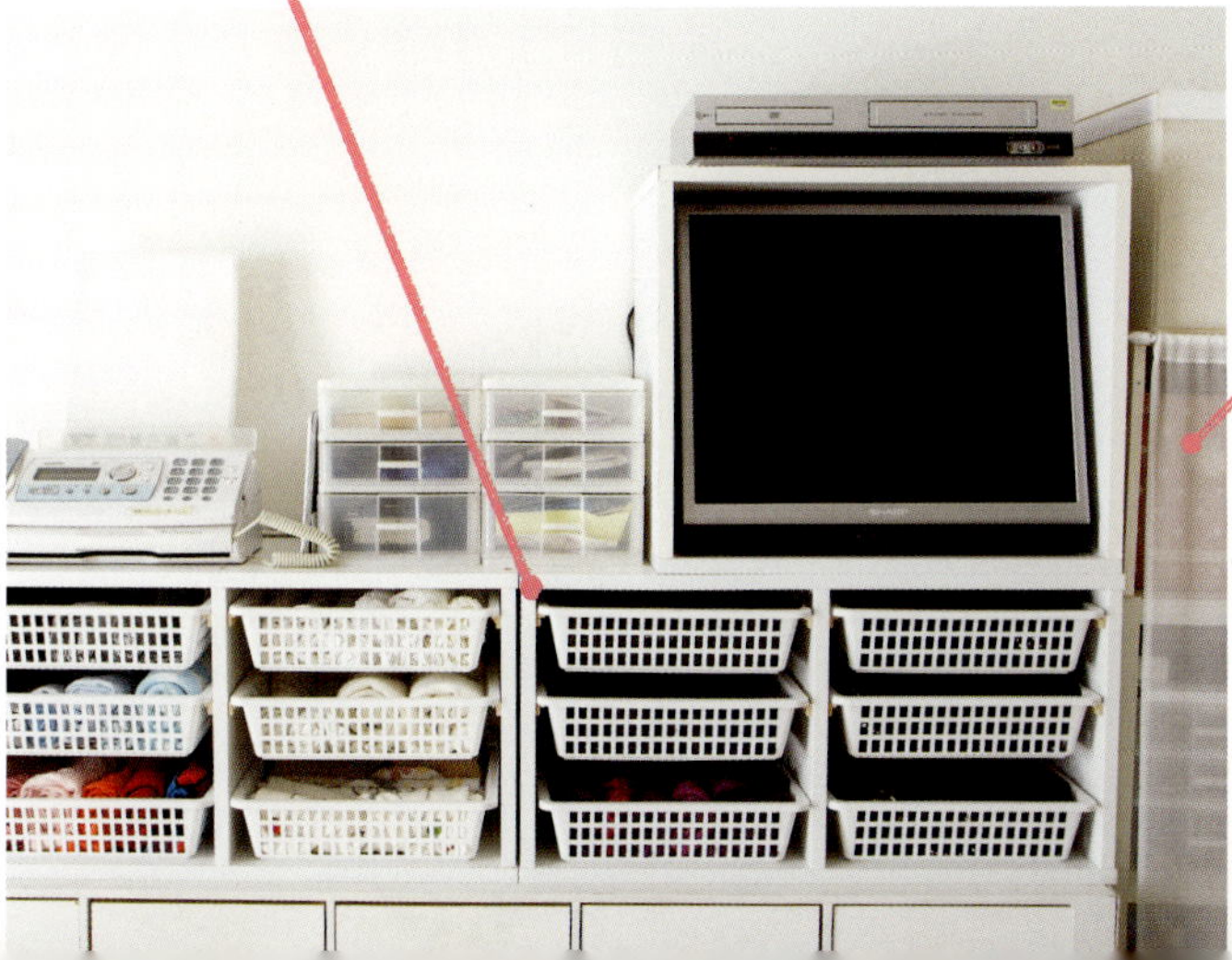

カラーボックスの中には、100円ショップで購入した浅いかごを入れました。同じものを揃えれば、こんなにきちんと見えます。

こちらも100円ショップで購入したかごを利用し、布を貼ってリメイク。ちょっと手を加えるだけで、ぐっとキュートな印象です。

北欧雑貨webショップ経営 佐藤友子さん宅

キッチンと隣の和室の間にあったふすまは取りはずして、ワンルームのように使用。中古家具店などで買った家具を上手に使いこなしています。

1 かわいい道具は出しっぱなしでも片づいて見えます。**2** 吊り戸棚下に、金具を取りつけてキッチンツールをひっかけました。**3** コーヒーフィルターはシンク横に取り付けた壁かけが定位置。**4** 作業スペースが狭いので洗いかごは隣の棚の上に。

佐藤友子さん宅の片づけのルール

その 1

新しい収納家具を増やさず、収納の中のものを循環させていく

収納スペース以上に、ものを増やさないこと。買いたいなら、収納家具を増やすのではなく、収納の中にあるものを取り出して使うなり、処分するなりし、ものを循環させます。

その 2

片づけが楽しくなる、そんな気持ちを生む道具を使う

片づけるためのグッズをかわいくしたり、そのまま置いておくだけで散らかって見えないおしゃれな道具を使ったり。人の気持ちは些細なことで楽しくなり、やる気にもなります。

その 3

無駄な動きを排除するよう納める場所を決めていく

収納場所が遠いと、片づけるのに無駄な動きが発生します。使う場所の近くにしまっておけば、片づけがおっくうにならず、そのうえ、使うときもすぐ取り出せ、便利です。

手紙など、散らかりがちな紙類はリビングのチェストの引き出しへ。さっと入れられる場所なので散らかりません。よく使うカメラもここへ。

築40年以上にもなるという、昔懐かしい団地の階段をとことこと上ると、佐藤さん宅に到着します。古い住まいではありますが、その味わいがかえって魅力となっている、そんなお宅です。

佐藤さんは、北欧雑貨を扱うwebショップの店長。店でも扱う北欧雑貨が、この味わいある建物によくなじみ、居心地のいい空間になっています。「ちょっとした雑貨があるだけで、生活は楽しくなります。そんな身近なところから、背伸びをしない暮らしを実践できたらいいなと思っています。片づけも同じかも」と佐藤さん。

かわいいかごを置いて収納場所

住まいのデータ

＊東京都在住
＊夫と２人暮らし
＊３ＤＫ　約50㎡
＊築40年以上

サトウ・トモコさん
北欧雑貨と食器のwebショップ『北欧、暮らしの道具店』の店長。この家で使っているかごや食器などは、ショップで購入可能なものも多い。
http://hokuohkurashi.com/

古道具屋さんで購入した日本の食器棚に、北欧の食器が並びます。日本の暮らしに北欧の雑貨がよくなじむという見本のようです。

食器棚の下の引き戸の中。食材類はパッケージがうるさいので、見えない位置に収納し、ごちゃごちゃしないようにしています。

畳の上にカーペットを敷いて洋風使い。大きい家具に北欧のものはありませんが、雑貨や小家具だけでもその雰囲気は十分に取り入れられます。

シンプルな北欧の雑貨は日本のコンパクトな暮らしに合い、すっきり空間をつくります

取り外した引き戸の桟に雑貨をディスプレイ。古い住まいならではの造りをメリットとして楽しんでいます。

かわいいかごが片づけに大活躍

そのまま置いておいて絵になるかごが佐藤さん宅では大活躍。どれも北欧のもので、もみの木、白樺、ねずの木でつくられています。ソファのそばにあると便利なブランケットや、雑誌、文庫本が入っていて、すぐに元の場所に戻せるので、部屋が散らかりません。

にすると、ちょっとテンションが上がり、きちんとそこに片づけたくなる。人の気持ちはそんな小さなことでも、上向きになるもの。ゆえに、片づけを楽しくするような工夫をすると、片づけに前向きに取り組めるようになります。「だから、片づけたくなる収納グッズや飾りたくなる道具を増やせばいいんです、きっと」。

収納についてよく考えられた新しい住まいでなくても、収納家具を買い足さなくても、小さな雑貨ひとつを買うところから、片づけは始まる、そんなことを感じさせてくれる、佐藤さん宅なのでした。

バスルームの扉には、フックを取り付けてタオルかけに。余計なスペースを取らないうえ、おしゃれさも演出できて一石二鳥です。

玄関付近にまとまっている水まわり。扉や柱の使い込まれた味わいが気に入って、この部屋への入居を決めたそう。小さな古家具も雰囲気にぴったり。

古さを味わいとして
生かしながら、
暮らしています

玄関の壁にフックを取り付けて、お客様の洋服や、すぐしまいたくない洋服の一時避難場所に。小さなことで、散らかりを防ぎます。

右）この場所に置きたいと思って購入した古家具の中には工具を収納。下の引き出しには靴磨きや防水スプレーが。玄関で使うものなので、ここに収納するのが合理的。左）掃除&洋服用ブラシはかごに入れて。出し入れが頻繁なものは、かご収納が便利。

○○○はどこへ？
MEMO

［掃除用具］

日々使うものだけに、
みんなの掃除用具の収納法は気になります。
やはり使いやすい位置に、取り出しやすくがコツ！

玄関のフックにほうきとちりとりが。かわいいものを選んだからこそ、そのままひっかかっている姿も絵になります。（P104～の吉永さん宅）

コンロに油が飛んだそのときなら、油汚れも拭くだけでとれます。コンロ脇の陶器にぼろ切れを入れて、スタンバイ。さっと拭いて、そのまま捨てます。（P114～のKさん宅）

シンクの掃除や野菜洗い用のブラシなどの収納場所には困るもの。キッチンツールのように容器に立てて、棚の上に。（P36～の田辺さん宅）

ちょっとした掃除のときに活躍する紙製ワイパー。すぐ手の届く位置にあってこそ、真価を発揮するので、冷蔵庫側面にフックをつけてひっかけています。（P68～のkakoさん宅）

使うたびに組み立てるのは面倒なので、ホースをつけたまま収納できるよう工夫。棚板位置をぐっと引き上げてあります。（P114～のKさん宅）

掃除道具はまとめてブリキバケツに入れ洗面所下に収納。掃除をするときにバケツごと持ち出せば、「洗剤？　ブラシ？」と探し回る必要がなく便利。（P12～のワタナベさん宅）

器店オーナー 田辺玲子さん宅

木を多く使った内装に、モダンな家具を合わせ、ナチュラルとモダンを融合。収納扉はすっきり見えるシナ合板を採用しました。

田辺玲子さん宅の片づけのルール

その1

生活感のあるものはすべて扉の中。閉めればOKの気楽さ!

雑多なものをすべて納められる収納庫を、別の階にではなく、生活空間であるリビングダイニングに設けました。すぐそこにしまい場所があるので、片づけが面倒になりません。

その2

テーブルの上など、〝面〟を片づける。それだけで散らかって見えない

テーブルの上に、ついついものを置いてしまいがちですが、面が埋まっていると、視覚的に散らかって感じます。まずは、ひとつの面だけでも、片づける習慣をつけましょう。

その3

毎日届く紙類は、ため込まず、その日のうちに処理が大切

毎日届くDMや手紙の要不要をその場で判断して処理することは、今日からすぐ始められる簡単なこと。後でと思ってため込むことが片づかない原因になるので、できることから。

1 扉を開けると出てくるのがテレビ。存在感の強いテレビも扉の中にしまえるので、部屋がさらにすっきり見えます。**2** リビングに、新聞や雑誌などをしまうオープン棚を。散らかる前に、即ここに片づけるそう。**3** ソファ横のサイドテーブルにのせたかごが読みかけの本の片づけ場所。**4** 愛犬のアクティとひまわりはクッションの上でくつろぎます。

キッチンには吊り戸棚をつけませんでした。視線が遮られないので空間が広々感じられます。

吊り戸棚がない分、腰高の棚を設置。当然、器好きなので、器の量は多いですが、この棚に納まる以上には増やさないように気をつけているそう。

住まいのデータ

＊東京都在住
＊夫と２人暮らし
＊２ＬＤＫ　110㎡
＊築９年

タナベ・レイコさん
東京・町田にある器店『ももふく』のオーナー。自分の足で探したお気に入りの作家の器を紹介。随時、テーマをつくってイベントも開催。
http://www.momofuku.jp/

設計士から器店オーナーへ、大きな転身をした田辺さん。東京・町田にある和食器店『ももふく』で、日々の暮らしに活躍するような器を、愛情持って紹介中です。そんな田辺さんのお宅は、大枠はご自身の設計によるもの。「使い込むことでよくなるような家」を目指したとの言葉が納得の、木のぬくもりがあふれる家です。

とてもすっきりした暮らしぶりですが、それには、壁一面の扉つき収納が大きな役割を果たしています。この扉、暮らしまわりの雑多なものの収納を引き受けてくれているだけでなく、なんと、テレビや冷蔵庫、洗濯機まで納められるという優秀さ。生活感を感じさせるものすべてを、見事に隠すことができるのです。

とはいえ、この収納庫はだれにでも手に入るものではありません。今日からでもできる片づけルールも教えてもらいました。それが、〝面〟を意識するということ。人の目はテーブルなどの上面を見ているもの。その面に、ものがたくさんのっていると散らかって見えます。面だけでも、片づける習慣をつけることは、片づけ力を上げるために有効なアイディア。小さなことでも、家は片づいて見えるものです。

木の美しさを感じさせる家。片づいているからこそ、シンプルな美が生きています

コの字型のキッチンのコーナーに、パーツを組み合わせてつくったミニオーブン棚を置いて、スペースを無駄なく使いこなしています。コンロの両サイドの手が届きやすい位置なので、よく使う鍋、調味料関係、キッチンツール、そしてトースターまでを納めています。

洗濯ものを干す庭に近いので、洗濯機もここにあったほうが動線が短く、家事がラク。動線を短く配置することも、家が片づく秘訣です。

リビングから続く扉つきの収納庫。いちばん左側に冷蔵庫が納められています。引き戸なので、扉を開けっぱなしにすることも可能。

かごや、ふたつきの陶器を収納場所として活用

市場かごには犬のおやつやごみ袋、バター入れにはワインオープナーや栓抜き、ふたつきの器には箸置きを。元の用途にとらわれず、そのまま置いてもかわいいものを収納容器として使っています。

右上）田辺さんの仕事スペースの棚。白いシンプルなオープン棚に、黒のファイルボックスを組み合わせて使いやすくしています。上）縁側をイメージさせるスペースには、ネットオークションで手に入れた茶箱を置いています。長期間取っておくべき書類を収納。

ものを詰め込む実用と、
空間としての〝間〟。
暮らしにはその両方が必要

右）上のオープン棚を横から見たところ。間仕切りの役割も果たしているので、背面から見てもきれいなように、白い布をかけてカバー。左）背面からも使えるので、ボックス裏の空きスペースにペットボトルを収納。

右）棚においたかごは車の鍵と携帯の指定席。指定席を決めれば、あちこち探し回らずにすみます。
左）オープン棚にひっかけたアイアンのかごは、ＤＭや手紙などの定位置。その日届いたもので必要なものだけをここに入れ、残りはごみ箱へ。

右上）洗面所の下はオープンにし、ワゴンや引き出し、ランドリーバスケットを入れて自分たち仕様に使い勝手よく収納。上）以前は、自宅の１階で器店を開いていたので、玄関は広くギャラリースペースのような造り。ここでも茶箱が活躍中。

形の定まらないものは、クロゼットや押し入れにもしまいにくいもの。そのまま置いておける大きい茶箱はそんなものの収納に大活躍します。

通常、洗面台にのせるようなものは、ワゴンの上を指定席に。洗面台の上面にはものを出しっぱなしにしないよう心がけているので、とても片づいた印象に。

靴棚がほとんどない田辺さん宅。以前は器を並べていた棚に、引き出し式のファイバーボックスを並べて、靴収納に活用しています。

エディター（BOOKLUCK主宰）**山村光春**さん宅

広いワンルームを、キッチン・仕事場・リビングという三つのゾーンに分けています。山村さんの好きなものがたっぷり詰まった空間。

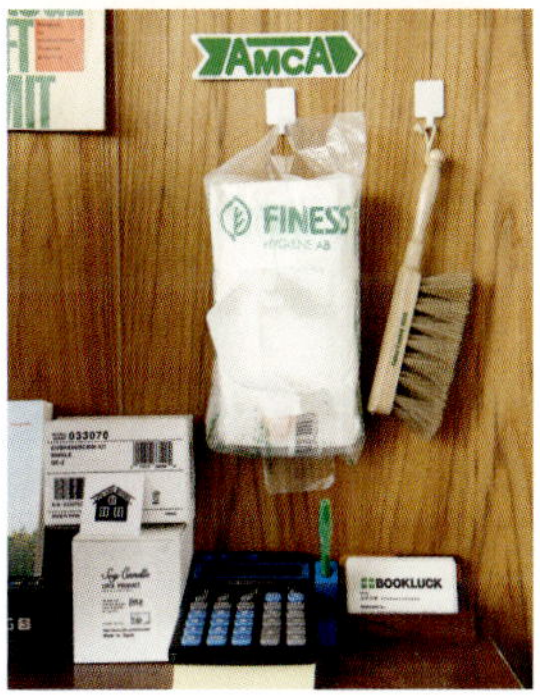

上）壁に天然木の粘着シートを貼り、視覚的にキッチンと仕事場を区分け。フックを貼り付け、ティッシュを入れた袋やブラシをぶらり。こまごましたものも定位置を決めてしまえば、行方不明にもなりません。下）デスク脇にある紙箱は、「帰宅後ボックス」。帰宅後、椅子の上や床など、ついいろいろな場所に置きがちなかばんや書類は、とりあえずここに入れるようにしています。

山村光春さん宅の片づけのルール

その1

インテリアになる片づけ方を考え、部屋づくりを楽しむ

片づけは、インテリアや楽しい空間をつくるための方法と考えます。好きなびんや箱を使いながら、身のまわりのものをおしゃれに見せる工夫をし、楽しんでしまうのがいちばん！

その2

自分を許してあげるための、〝何でもスペース〟を確保する

引き出しの中やキッチンの戸棚、本棚など、棚の一部分に必ず何でも入れていいスペースにとっておきます。ストイックになりすぎると、片づけは続かなくなります。

その3

置きっぱなしにしがちなものこそきちんと居場所をつくる

バッグやリモコン、ティッシュボックスなど、ついいろいろな場所に置きっぱなしにしてしまいがちなものこそ、きちんと居場所をつくるようにすると、部屋が片づきます。

住まいのデータ

＊東京都在住
＊１人暮らし
＊１ＬＤＫ　40㎡
＊築40年

ヤマムラ・ミツハルさん
紙媒体を中心に活躍するエディター・ライター。『家具をつくる、店をつくる。そんな毎日。-MAKING TRUCK-』（アスペクト）、『家具選びについて知っておくべきいくつかのこと』（ソニーマガジンズ）など、編著書多数。

右上）大阪の『TRUCK』で購入した棚には、仕事用のノートなどをジャンル別に整理しています。上）リビングと仕事場の間には、パーテションがわりの棚を配置。お気に入りのマグカップコレクションをずらりと並べ、来客時には各自に選んでもらうおもてなし。

ノート、テープなど、ジャンル別にきちんとものを分類して収納していますが、1つの引き出しだけ、分類できないもの専用の場所に。〝何を入れてもOK！〟の場所があると、気持ちがラクになり、片づけも大変ではなくなります。

部屋づくりと片づけは、どちらも同じことだと心がける

カフェ、インテリア、雑貨など、暮らしに関わる幅広いジャンルの雑誌・書籍の編集に携わってきた、エディター（編集者）の山村さん。

とにかく〝モノ〟好きな山村さんの部屋には、世界各地のかわいいものたちがいたるところに飾られています。ものの量は多いはずなのに、ごちゃごちゃとした目ざわりな印象は受けず、不思議とまとまりを感じるのはなぜでしょう。

「すっきりしすぎた部屋って苦手なんです。なんでもかんでも隠すっていうのも、臭いものにフタをしているみたいだし。ぼくの片づけのテーマは、『外に見えている状態がかわいければ、多少雑然としていてもOK』ってこと。しまいこむことが優先事項なのではなくて、『視界に入るものに、いやなものがない』というのが大事」。

そう言われてみると、壁を飾りながら、ものもひっかけられるシ

山村光春さん宅

上）どことなくアメリカを思わせるデザインが素敵なキッチンスペース。赤やオレンジなど、明るい気分にしてくれそうなものを選んでいるそう。
左上）食器も雑貨同様に増える一方なので、一軍と二軍で分類。不定期に入れ替えをし、食器棚に納まる量を出しておきます。

びん用のごみ箱には、上から紙袋をかぶせて周りをカバー。「ごみの集積所まで運ぶのにも便利」。

食器棚として使っているのは、小さい本棚。白い器を中心に並べ、見た目もすっきりと。

ートを貼ったり、かわいい空きびんを並べたりと、片づけとディスプレイが同時に楽しめる工夫に気がつきます。

「一見面倒にも思える片づけや収納の仕方も、やり方によっては生活をおもしろくさせる一要素になると思います」と語る山村さん。もの事をポジティブに考え、楽しむスタイルを部屋づくりにも貫いています。

雑貨は素材別にまとめ、〝ざっくりとした統一感〟を

単体ではかわいく見える雑貨でも、形やデザインを混在させると、雑然として見えてしまうもの。山村さんは「びん」「編みもの」などざっくりと素材別にまとめて飾ることで、統一感を生みだしています。

棚に入れると折れてしまう薄い雑誌や、入れると空間が余る小さな本はまとめてバンカーズボックスと呼ばれる紙箱へ―N。

福岡のアンティークショップ『marcello』で購入した木製ラック。マフラーやミニバッグなど、ちょっとしたものをかける定位置に。

友人につくってもらった、ねじやくぎを使わないはめ込み式の棚。「この棚が来てから、ものを片づけながら飾る楽しみを知りました。本を色別に並べ替えたり積み上げたり、ユニークに見せる工夫を日々楽しんでいます」。

リビング奥のベンチは自作。木製ファイルボックスは、道具と家具の制作を手がける『O.F.C』（http://ofc-product.com）にオーダー。「書類は1番から順に入れていき、最後の10番までいっぱいになったら、1番の中身を捨てます」。

ただただ本を納めていくだけではなく、棚の中にはフォトフレームや置きものなど、さまざまな雑貨をアクセントにしています。

くつろぎのリビングは、ブラウン×モスグリーンのやさしい配色ですっきりと

奥の『TRUCK』のソファがリビングの主役。「このソファは座る場所というだけじゃなく、〝部屋で過ごす豊かな時間〟ももたらしてくれました」。

インテリアショップ副店長 小林夕里子さん宅

住まいのデータ

＊東京都在住
＊1人暮らし
＊1K　26㎡
＊築40年

コバヤシ・ユリコさん
家具メーカー勤務を経て、インテリアブランド『イデー』（http://www.idee.co.jp/）の二子玉川店勤務。生粋のインテリア好きで、インテリアコーディネーターの資格も取得。

植物などを飾るプランターボックスを、洋書や美術書の〝入れもの〟として使用。ソファのそばなので、くつろぎながらも本にさっと手が届き、元に戻すのもラク。リモコンもここが定位置。頻繁に使うものだから、片づけやすい位置というのは大切です。

ベッドを置きがちな奥のスペースをリビングにしたことで、くつろげる雰囲気が生まれました。ソファは『イデー』のもの。

以前の家では、チェストとして使っていたものをテレビ台に。コンパクトなテレビなので、これで十分。引き出しには、ハンカチなどが。

小林夕里子さん宅の片づけのルール

その1
細かい分類はあえてしない。見えないところはざっくり収納

引き出しや箱、かごの中まで細かく収納すると大変になり、片づけが続かない原因に。何かにしまうだけで片づくので、〝中もきれい〟を追求せず、ざっくりもOKとするのが吉!

その2
使用途中や、とりあえずのものにも、きちんと〝入れもの〟を決める

散らかるのは、しまう先がないから。だから、それが使用途中であっても、「とりあえず、ちょっと」というものであっても、きちんと〝入れもの〟をつくることが片づく部屋への近道。

その3
〝入れもの〟から、ものがはみ出す。それは持ちすぎへの、警笛と考える

〝入れもの〟から、ものがどんどんあふれだしたら、増えすぎということ。そのつど、こまめに持っているものを見直し、処分を考えることで、片づいた状態を維持できます。

ガラス扉の棚の半分は食器棚として使用。お気に入りを少しずつ集めています。残りは本やＣＤを収納。食器だけ、本だけと、用途を限定することなく、柔軟に収納場所を決めています。

棚の上は、ディスプレイを楽しむスペース。お気に入りの陶芸作家である、伊藤利江さんの鳥のオブジェはマッチ入れにし、小皿にはボタンを入れています。収納のためというよりは、見た目にかわいいから置いているのだそう。

長く使える家具を揃えて、きちんと暮らすことも、片づく理由かもしれません

センスあるインテリアブランドとしてファンの多い『イデー』。その二子玉川店で副店長を務める小林さんのお宅は、さすがとも言うべき、おしゃれな雰囲気です。使っている家具は、イデーで扱っているものや北欧のユーズドが中心。かわいいというより、かっこいい、そんなイメージの部屋になっています。

1人暮らしといえど、26㎡という広さは、ひと通りの家具を持ち、きちんと暮らそうと思ったら、決して広いスペースではありません。でも、小林さんは、見事にものを納め、すっきりと暮らしています。「案外、引き出しや箱にバサッとものを入れているだけなんですよ。細かく分類するのは得意じゃないし……」と、小林さん。きちんとしまう場所＝〝入れもの〟を決めたうえでの、見えないところは大ざっぱ収納の推進派です。細かく片づけると、片づけるのが面倒になり、かえって散らかる。それも真理といえそうです。

一方、入れものからはみ出すものは、こまめに処分を検討し、ものを増やしすぎない努力もしています。ざっくり片づけ&もののこまめな見直し、この両輪があってこそ、小林さん宅のかっこいいインテリアは成立するのです。

ソファ前のテーブルの下に、収納スペースがあるおかげで、テーブル上にものを置かずにすみ、すっきりして見えます。

デスクは、『イデー』のもの。北欧のユーズド家具の雰囲気ともよく合い、部屋のアクセントに。足元のかごにメイクグッズを収納。

手前がダイニングで奥がベッドという思い込みを捨て、ベッドをキッチン寄りにレイアウト。柔軟な考え方が暮らしを快適にしてくれます。

〝動いている〟ものにも、定位置があると片づく

今日脱いだ服、明日も持って出かけるバッグ。1週間だけ置いておきたい書類。そんな〝動いている〟ものは、しまいこみたくないけれど、出しっぱなしにしておくと散らかります。こういった動いているものにまで、定位置を決めておくと、片づいたイメージに。

狭くてもあきらめない。
ちょっとのDIYで、
ちゃんと使えるキッチンに

リビングとキッチンの間にある戸の上、天井との間のスペースも見逃さず収納スペースに。かごには食材のストックなどを入れてあります。

コンロの下にぴったりサイズの板を敷き、それで壁面の大きな板を押さえ、その板に小さな板を打ち付けて棚にしました。壁に穴を空けることなく棚を設置したかったので思いついた、画期的なアイディア。

玄関のすぐ横に、スチール製の分別ごみ箱を。扉を手前に倒すと上下、2個ずつ、ごみ箱が入っています。炊飯器置き場としても活用。

玄関とキッチンがいっしょになった狭いキッチン。シンク下の収納もなかったので、板とL字金具を使って、簡易な棚を設置。見事収納スペースを増やしました。あきらめない姿勢がすばらしい！

ついあちこちに置いてしまって行方不明。
そんなことにならないように、
小さな鍵にだって、指定席は必要です。

玄関に入ってすぐそばの壁に、アンティーク風の素朴な鉄くぎを打ちつけて、鍵をひっかける場所にしました。まっすぐではない、ランダムな表情がかわいい！（P18～のサルボさん宅）

玄関にある、靴箱の扉を開けたら鍵が登場。扉の裏は手が届きやすいうえに、外から見えないので絶好の収納場所です。自分でフックをつけました。（P104～の吉永さん宅）

玄関が狭いのでリフォーム時に壁をくりぬいてニッチをつくってもらいました。そこを鍵、印鑑、ペンなどの定位置に。（P114～のKさん宅）

靴が並ぶ棚の中にかごを。鍵はもちろん、印鑑、ペン、虫さされの薬など、玄関で必要になるものを収納。扉のない棚なので出し入れもラク！（P110～の裕子さん宅）

小さな玄関はキッチンの隅にあるので、炊飯器をのせた台にかごを置き、鍵の指定席に。隣のかごにはパンを入れます。（P48～の小林さん宅）

フォトグラファー パスカル・ペイレさん宅

鍋を吊るしたシンク下は、見事な空間の活用アイディア。重ねるよりはるかに取り出しやすく、洗ったその手で即片づけられます。

右）キッチンツールと粗塩は、ガスレンジで使うものなので、そこを定位置にしました。ツールは立てて収納が便利。左）電子レンジ脇のすき間がトレイ置き場。レシピ本はキッチンで使うので手がすぐ届く位置に。

大切なのは、ものではなく空間だと気づき、ものを減らしたというダイニングキッチン。携帯電話やリモコンなどは、カウンター上のトレイに置きます。

パスカル・ペイレさん宅の片づけのルール

その1

家族の集まる場所だけは、〝ものの住所〟を徹底する

その2

掃除は1日1回、寝る前に。毎日のスタートは片づいた空間から

その3

片づけなくてOKな場所や部屋をあえてつくっておく

調理台正面のニッチには『IKEA』のびんに詰めたスパイスをコレクション。花びんに生けたハーブとともに、飾りながらの収納です。

もののあるべき場所が明確なら、家族のだれでも簡単に片づけることができます。生活のメインスペースにだけ、このルールを適用し、各自の部屋などはあえてゆるめに。

整然と片づいた空間には、ものを出しっぱなしにしにくいというのが人情です。この効果を利用するために、夜の掃除・片づけを徹底し、朝は片づいた空間で迎えるようにします。

どこもかしこも完璧！　とはいかないのが、現実の暮らしです。ならば寝室なり本棚なり、散らかっていてもOKな場所を決め、自分を追い込まないことも得策です。

奥の白いキャビネットは吊り戸棚だったもの。ＤＩＹで脚をつけて、右側にあるシンクの高さと揃えたそう。視覚的に統一感が生まれました。

花びんはなんと、古いビーカーや試験管、使用後のキャンドルの容器などを転用したもの。1輪ずつ生けて、花の個性を楽しみます。

先週は花を生けていたガラスの器の中に、今日はフルーツを。ひとつのものをいく通りにも使えば、持ちものは少なくても楽しく暮らせます。

2

1

4

3

1 定番の密閉びんに、食材や調味料を入れて見せる収納。**2** テーブルの引き出しに仕切りをつけ、カトラリー専用にリメイクしました。**3** たっぷり入るキャビネットには、皿、グラス、タッパー、ケーキ型など、グループ別に整理。**4** 中古の木製冷蔵庫に棚をつけ、食材置き場に。木の存在感も魅力です。

必要なものだけを身近に置く、シンプルライフがかなえる片づけやすい暮らし

パリに住む、アートフォトグラファーのパスカルさん。広い2階建てに夫と娘との3人暮らしですが、下宿人や仕事関係で通勤してくる人もいて、人の出入りの多い住まいです。それでも絵や花が飾られた美しいダイニングキッチンは、つねに片づいています。

　不特定多数の人々が利用しつつも、整理整頓が行き届いているのは、「ものの住所」が一目瞭然だから。湯わかしポットや鍋など、普段使うものの置き場がすぐわかるぶん、使った後の片づけ場所も、誰にとっても明瞭です。

　この秩序を保つカギは、就寝前の片づけ&掃除を、パスカルさんの習慣にしたこと。「整然とした場所ほど、人は散らかさないものでしょう？　それに〝片づけは夜だけ！〟と決めてしまえば、気もラクなんです」。また、アトリエや子ども部屋といった個人的な場所は、多少散らかっていてもかまわないことに決めました。

「実は2階に何でも詰め込んでいる部屋があってそこは整理できてませんよ」と恥ずかしそうに打ち明けますが、時間と労力は限りあるもの。あきらめる場所を潔く決め、片づけるべきと決めたところは、つねにすっきり空間を維持する！　これも立派な片づけ法です。

ダイニングキッチンにつながるリビングも、テーブルやキャビネットの上はすっきり。リラの花がミニマル空間に映えます。

リビング唯一の収納家具は、中古で購入したデザイナーもの。中が引き出しになっていて、この場所に必要なペンやキャンドルを収納。

片づけない場所を持つ ゆとりと安心感も大事！

2階へ上がると、大きな本棚と〝詰め込み〟部屋があります。ここは散らかってもいいと決めた場所。なんでも詰め込み、一切こだわりません。片づけるプレッシャーから解放されます！

パスカル・ペイレさん宅

仕事部屋の巨大デスク兼キャビネットは、パスカルさん自身が考えオーダーしたお気に入り。ここは仕事関係の本などで乱雑になりますが、そのかわりローテーブルの上には余計なものを置きません。

作品や撮影用の小道具類がどうしても片づかず、オーダー家具で抜本的に解決しました。浅めの引き出しがカギです。

デスクまわりの片づけは
ほどほどに。そのかわり、
テーブルの上はつねに整然と

中古の家具を、書類棚として活用しています。書類はすべて紙製ボックスに仕分けし、ラベルに内容を書いて整理するのは、フランスでも基本中の基本です。

住まいのデータ

＊パリ在住
＊夫と娘との３人暮らし
（＋下宿人２人）
＊５ＬＤＫ　250㎡
（１部屋は仕事部屋）
＊築８年

パスカル・ペイレさん
アート写真家。フランス国内の展覧会ほか、2009年には中国の広州ビエンナーレに出展。植物が多く登場する独特な世界感が特徴。 http://www.pascale-peyret.com/

アトリエのローテーブルには、石を模したキャンドルと鉢植えをさりげなく。鉢植えを大きな器にまとめているのも素敵です。

Chapter 2

人気ブロガーの、片づけ進化術

http://ourhome305.exblog.jp/　■··OURHOME··■

http://blog.livedoor.jp/kakojp/　空に近い週末

http://kiki2008.exblog.jp/　kiki*blog

ブログの世界から人気者になり、活躍している人が増えています。
インテリアや収納、片づけの分野もしかりです。
日々、ブログを更新しながら、自分なりに試行錯誤を繰り返し、
自分の暮らしにより合う、快適な片づけのルールを見つけたり、収納法を編み出したり。
そんな進化していくブロガーにはファン読者が多く、
その読者からの質問ややり取りから、さらなる進化が生まれています。
だから人気ブロガーのお宅には、片づけのヒントがいっぱいあるのです。

「成長する家族に合わせていろいろ工夫しながら暮らすのが楽しーいんです！」

ブロガー Emiさん

キッチンカウンターの腰壁部分は、元は真っ白。板を何枚も用意して色を塗り、取り付けました。賃貸なので、くぎ一本使わず、はめ込んでいるだけなのだとか。

エミさん
■・・OURHOME・・■ http://ourhome305.exblog.jp/
2008年２月にブログスタート。子どもが生まれ、日々変わる暮らしに対応すべく、家も片づけも進化中。整理収納アドバイザー１級取得。ご主人はＤＩＹが得意。

住まいのデータ

＊関西在住
＊夫と１歳の双子との４人暮らし
＊２ＬＤＫ　80㎡
＊築25年

洋服類を隣の和室に使いやすく置いたので、リビングは広々。生活感も感じさせずにすんでいます。でも、必要なものにはすぐ手が届く、便利な状態です。

リビングの引き戸を開けると、押入れ？　いえ、違います。和室が正解です。でも、その端にオープン棚を設置し、押入れかのように、リビングから出し入れできるようにしました。使いやすい位置に子どもの洋服がすべて納められ、便利です。頻繁に使うものは右側に寄せてあるので、右半分だけ開ければＯＫ！

１アイテム１引き出しと決め、放り込んでいるだけ。おかげで片づけがラクです。また、白いプラスチック段ボールを手前に入れているので、色が氾濫することなく、すっきり見えます。夫や義母など、育児を手伝ってくれる人にもわかりやすいよう、ラベリング。

Ｅｍｉさんは1歳になる双子のママ。ただいま育児休暇中です。子どものころからのインテリア好きが高じ、ブログで、家をより快適にしていく様子を紹介しています。ご主人との2人暮らしだったときから、さまざまな工夫がありましたが、最近はさらに家が進化中。「日々成長する子どもといっしょだと、暮らしの中で困ることが次々いっぱい出てきて……。でも、いろいろ考えて、改良していくのが楽しいんです」というほど、工夫することを心から楽しんでいる様子です。

Ｅｍｉさんは、整理収納アドバイザー1級の資格を取得するほど、収納、片づけの達人。自分なりの、いくつもの片づけのルールを持っていますが、一貫しているのは、「ひとつの目的にしか使えないもの」は買わないということ。多機能なものを選ぶという意味ではなく、見方を変えれば、ほかの用途があったり、組み替えがきいたり、そんなシンプルなものを片づけに活用しています。それでこそ、家族の成長による変化に臨機応変に対応できるというもの。先々まで考えながら、ものを選んでいるので、大幅にものを買い足すことなく、日々の暮らしを改良していくことができるのです。

日々、生じる不都合を そのつど、工夫しながら解消。 楽しむことも、片づけの奥義

スタイ、ミニタオルの収納と、着替え後の洗濯もの入れ。着替えが頻繁なだけに、洗濯ものもここに定位置があると、散らかりません。

子どもたちが遊ぶことが多い場所におむつをしまうのが合理的。下はストックです。赤ちゃんのお世話グッズは、持ち運べるトートバッグに入れて、かご上段に。

1 粉ミルク缶は原色の文字がうるさいので、すべて裏向きに。それだけでもすっきり見えます。**2** びんはワインの木箱に。「中身を入れ替えてびんを統一すればきれいだと思うのですが、入れ替えは続けるのが面倒」。だから木箱でラベルの〝がちゃがちゃ感〞を隠します。**3** パンはトースターのすぐ上の段においたかごの中に。

1 奥行き15cm程度のスペースを活用し、コンロまわりでよく使うものを集結させました。火を使った調理中、動くことなくすべてに手が届く、便利な状態。**2** はがせるものはラベルを取って使用。**3** 箱には油をひいたり、汚れをふいたりするティッシュを。**4** かごに入れれば、食材のパッケージもうるさくありません。

1 オープン棚は浅い段をつくって、かごを組み合わせ、引き出しがわりに。スーパー袋はていねいにたためば、たくさん収納できますが、作業が面倒。大・小を分けるだけなら、片づけがラク！ **2** 常温で保存する野菜はここに。**3** コーヒーメーカーで使う備品だけを収納。指定席があれば、片づけるのも見つけるのも簡単。

食器棚を持っていないので、シンク上の吊り戸棚に食器を収納。下段に入れれば、手が届くので使い勝手も問題ありません。いちばん頻繁に使うものはオープン棚の左上の棚に。

キッチンの収納を担うのは
巨大なオープン棚。
ラク片づけの工夫がいっぱい！

キッチンには大きなオープン棚を採用。収納したいものに合わせて自由に段が決められるので便利です。シンクの高さと合わせた使いやすい段には調理家電をまとめました。

面倒なことは続かない。
がんばらなくてもできるように
工夫をしていくことが大切

玄関からダイニングに入ってきたときに見える風景。「パッと目につくところに、ものが頻繁に動く棚など、散らかりがちなものは置かないのが、部屋をすっきり見せるコツです」。

テーブルに座ってキッチンを見たところ。オープン棚に入れるものは、白、シルバー、黒と、無彩色が多いので、すっきり、片づいた印象に。

キッチンカウンターの前、ダイニングテーブルの陰に置いてあるふたつきのかご。ここはある意味逃げ場で、散らかってしまったものを放り込める場所にしています。精神的な余裕が生まれ、片づけに追われません。

デジタル時代の

Emiさんの暮らしに学ぶ 写真整理術

デジタル時代であっても、やっぱりプリント写真も保存しておきたいもの。Emiさんは１年に２冊のアルバムを作製。〝ざっくりアルバム〟は、Ａ４の紙に写真を小さくたくさんプリントし、リング方式の製本を発注。〝セレクトアルバム〟は１カ月に11枚だけ厳選し、コメントとともにファイリング。昔の写真はアルバムではなく紙箱へ。これなら場所をとりません。

ご主人の製作した棚は、以前は板をのせてローテーブルにしていたそう。今は重ねて使用。いろいろな用途に使えることを考えるEmiさんのセンスがここにも生きています。

「すべてを隠せるよう考えました。片づく大きな理由のひとつは、洗濯ものを隠すスペースです」

ブロガー kako さん

リビングからダイニングを見たところ。白&ベージュを基調としたすっきりした暮らしぶりです。ローテーブルは脚が折りたためるのでソファ下に収納可能。

カコさん
空に近い週末 http://blog.livedoor.jp/kakojp/
2006年にブログスタート。フルタイムで働きながらも、すっきり生活を維持している暮らしぶりが人気になり、『すっきり、心地いい暮らしの作り方』（主婦の友社）も刊行。ブログは現在休止中。

住まいのデータ

＊夫と高校生＆大学生の娘との4人暮らし
＊3LDK　90㎡
＊築5年

ダイニングスペース。子どもたちが勉強することも多いダイニングテーブルの上には雑多なものが置かれがちなものですが、この収納庫付きのキッチンカウンターのおかげですっきりした状態をキープできます。スタイリッシュな掃除機を選んで出しっぱなしOKにすれば掃除もラク!

見せる収納が支持される一方、ものをすべて扉の中に納め、モデルハウスのように暮らしたいと願っている人も多いもの。kakoさん宅は、まさに、そのあこがれを実現。余分なものが外に出ることなく、本当にすっきりです。

「ものが出ているとほこりを掃除するのが大変。それに『見せる』には、センスも必要。私の性格には向いていないと思って」

隠す収納はたっぷりの収納さえあれば簡単と思ってしまいがちですが、それは、大きな間違い。扉の開閉というワンアクションが増える分、出しやすく片づけやすいを徹底しないと、片づけが面倒になり、散らかる原因に。そうならないためには、どこに何を収納するかを、動線とともに考えることが大切。kakoさんはそれをひとつひとつ積み上げ、今の片づけ法をつくり上げました。

また、〝洗い上がった洗濯ものを隠すスペース〟をつくったことも大きいと言います。すぐにたたむことができない洗濯ものがリビングなどを占領すると、散らかって見え、ほかのものまで気にならなくなるという悪循環が生まれます。とりあえず放り込める隠す場所があるだけで、片づいて感じるので、効果は絶大のようです。

キッチンカウンターは
kakoさん宅の要的存在。
日用品のほとんどがここに

扉を閉めれば、こんなにすっきり。生活感はみじんも感じられなくなります。家の中心なので、ここにすべてが揃っているのはとても合理的。

1

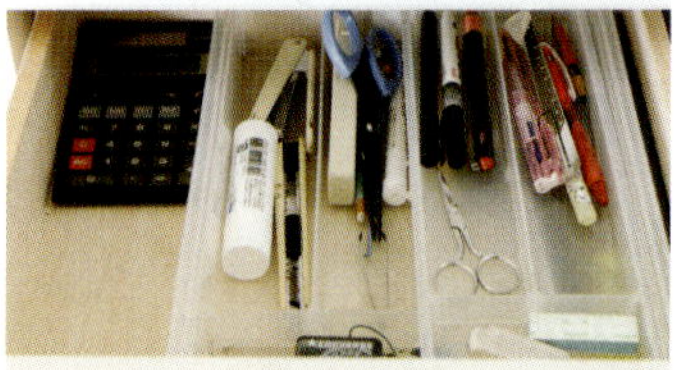

2

1 学校へ提出するプリントや月謝袋などを入れる〝とりあえず〟の引き出しがあるので散らかりません。**2** 文具は、1種類1個に限定。おかげでこんなに少量！

電動ドリルや掃除グッズは、それぞれかごに入れて棚の中へ。ラベルをつけているので、家族にも使いやすく、「どこにある？」と聞かれることもありません。

洗面所そばのクロゼットが洗濯もの専用隠し場所。たたむ前の洗濯ものを放り込んでおきます。アイロンもできるので、家事効率もアップ！

扉をすべて開けた状態。かごやファイルケースを使って用途別にしっかり分類し、すべてラベリング。家族全員にわかりやすいので、片づけやすさは満点です。

かごは右から、裁縫道具、化粧関連雑貨、薬と分類して収納。わかりやすくして、家族も片づけやすく。

取り扱い説明書や銀行、保険の書類はすべてかごに立てて収納。場所＆用途別にファイルしたので、必要なものがすぐに見つかります。

用途別だけでなく、家族それぞれのファイルボックスも用意。ここも、ママ、パパと、子どもの名前のラベルが貼ってあります。

通常ならパントリー（食品庫）にするキッチン奥をパソコンコーナーに。料理しながらメールチェックができ、「この位置は主婦には便利！」。

キッチンの奥にある棚に、キッチンで使う料理本を。動線を考えた収納場所なので、すぐに元に戻せます。

左写真のパソコンデスクの向かい側の壁。本、雑誌の収納場所です。上の空きスペースには、『IKEA』で購入した壁面用の棚を取り付け、収納力アップ。

自分が動く場所、いる場所に収納場所を決めるだけで、片づけがラクになります

よく使う調味料はコンロまわりに置く家も多いですが、kakoさんは、吊り戸棚下にしまいます。面倒にならないよう、取り出しやすい位置を選択。

家族にも片づけや家事に関わってほしいから、一目瞭然な収納を心がけるkakoさん。調味料も同じことなので、ラベルをつけています。

扉を開けると上の段には、昇降式ラックが入っています。ときどき使う季節の器や道具を入れる人が多い場所ですが、kakoさんは、食材ストックを集結させました。スムーズな動きをしてくれるので、使い勝手も抜群で、パントリーがなくても問題なしです。

棚間の幅がありすぎたので、アクリル製の仕切り棚を使って、収納力をアップさせました。ブログの読者のコメントにより、進化させたのだそう。

キッチンの背面にあたる棚は、家を建てたときに造り付けたもの。白い鏡面仕上げのシンプルな扉を選びました。

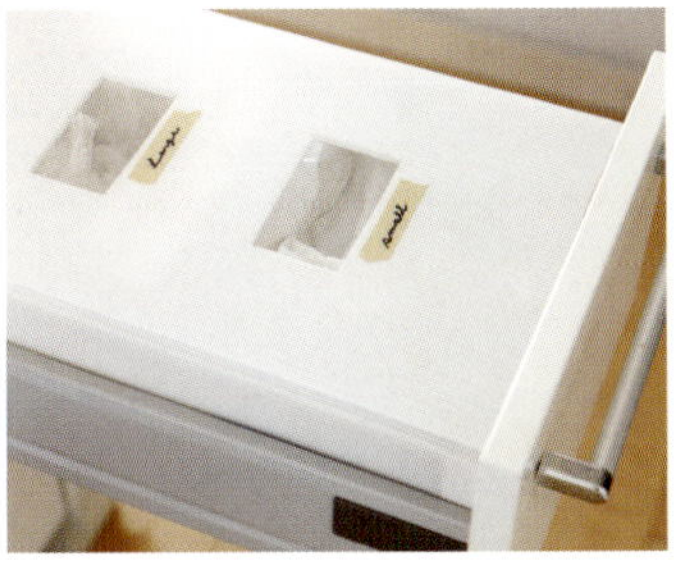

引き出しに合うように、プラスチック段ボールで仕切り付きの箱を製作し、スーパー袋を収納。たたまず、大小を分けるだけで十分。

「片づけだけじゃなくて、〝きれいさ、かわいさ〟もキープしていきたいと思っています」

ブロガー Tamiさんこと 村上直子さん

リビングの窓側から中を見たところ。宿題や勉強はリビングですることが多いので、大げさではない専用スペースを設けました。

ムラカミ・ナオコさん
kiki*blog http://kiki2008.exblog.jp/
2008年５月にブログスタート。雑誌でインテリアや収納＆片づけアイディアを紹介するほか、個人宅の収納アドバイスの仕事も。整理収納アドバイザー１級取得。

住まいのデータ

＊神奈川県在住
＊夫と４歳＆８歳の息子との4人暮らし
＊４ＬＤＫ　115㎡
＊築28年
（リフォーム後半年）

1 リビングのコーナーにあるチェスト。中はおもちゃですが、扉を閉めればおもちゃの色に部屋を侵食されることがありません。子ども部屋は2階ですが、1階のリビングにもおもちゃ収納は必要。インテリアになじむ形で確保しています。**2** デスクの足元にドリルを入れて、ここで勉強ができるように。**3** かごの中にもざっくりおもちゃを。**4** ミニミニのおもちゃは、これに。1階と2階を行き来させます。**5** ハンドクリームもリビングのかごに。見せたくないけど、すぐそこに置いておきたいから思いついたアイディアです。**6** ダイニング側から窓方向を見たところ。おもちゃの色は氾濫していません。

Ｔａｍｉさんこと村上直子さんのお宅はリフォームを終えたばかり。中古の一軒家を、元来のセンスのよさと、整理収納アドバイザー1級の知識を生かし、片づけやすく、かわいさあふれる空間につくり替えました。マンション住まいのころから、そのインテリアと片づけの工夫に定評があり、雑誌でアイディアを紹介することも多々。新しい家でも、その才能はいかんなく発揮されています。

こんなにきれいなのに、自分のことを〝ずぼら〟とだと言う村上さん。だから、子ども自身で片づけられ、手伝いができるよう、工夫をしているそう。その基本は、収納場所をはっきり決め、でも、中はざっくりさせること。「きっちり収納だと、子どもが片づけられないのはもちろん、出しにくくもなってしまいますよね？」。この方法なら、子どもが自分で出し入れができ、ママもぐっとラクができるのです。

収納アドバイザーの仕事も徐々に始めている村上さん。ものの整理ができて部屋が片づくと、暮らしが快適になるだけでなく、気持ちも前向きになってくると実感していると言います。そんな片づけのヒントが村上さんのお宅でもたくさん見つかりました。

ダイニング。奥は子どもも座りやすく、人数調整がしやすいベンチを造り付けました。座面下には、あまり使わないものを収納。

詰め込むのはケースだけ。中はざっくり、ゆるやかに。それが、片づけやすさのコツ

階段下スペースをダイニング側から使える収納庫にし、雑多な生活用品を片づける場所に。ダイニング、キッチン、脱衣所に近いので、この場所がベストな位置。

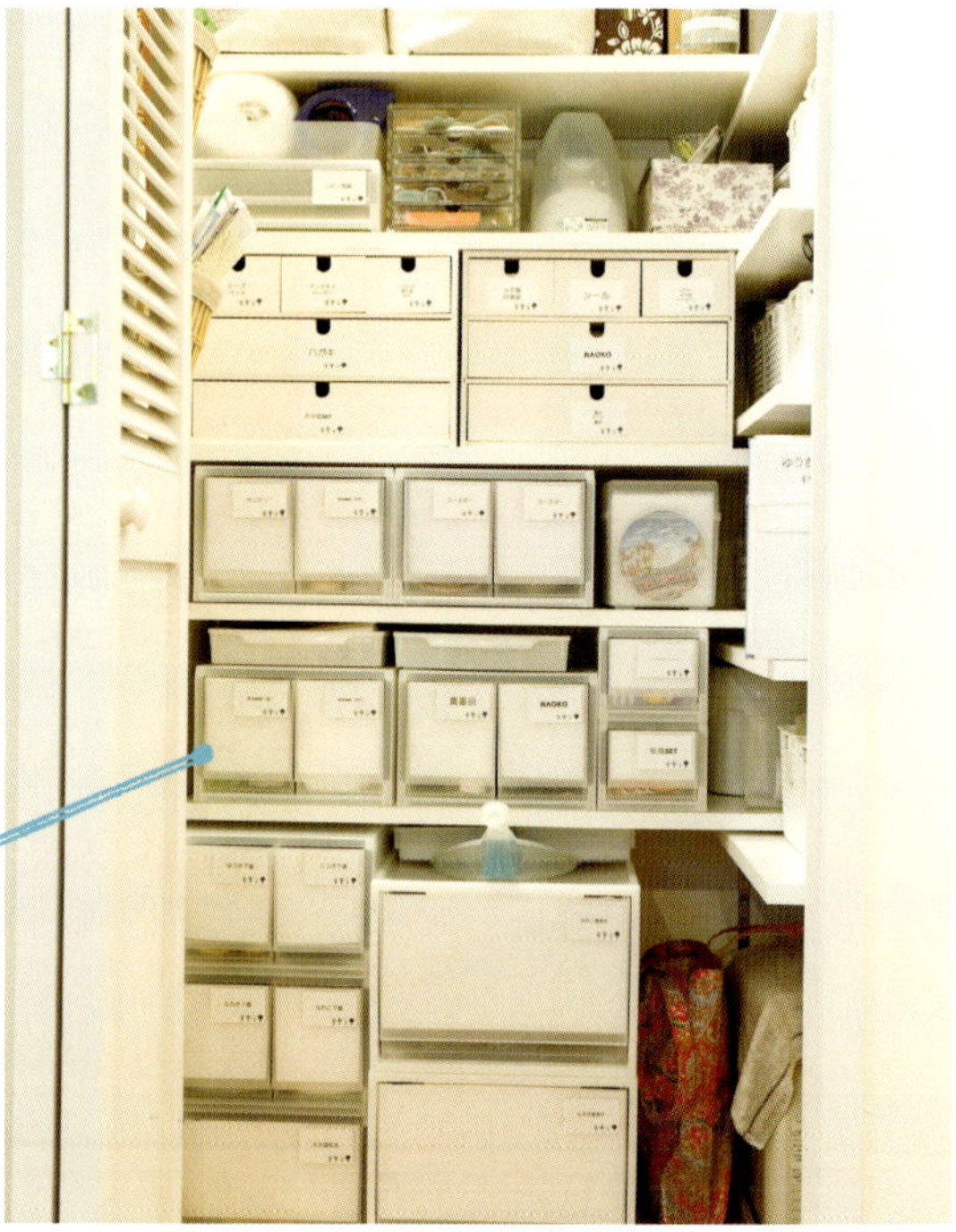

ケースはすき間なく詰め込み、ケースの中は詰め込みすぎない。これが使いやすい収納のコツ。脱衣所に近いので、子どもの下着&パジャマもここ。

ダイニングとキッチンの間の棚に、コーヒー関連のグッズをまとめてトレーに。使うときにトレーごと持っていけば、スマートです。

吊り戸棚の中。「丸見えになるように使うのはいやですが、100円ショップのものも活用しています」。かごに仕分けすれば、必要なものが取り出しやすく便利です。

キッチンに立ったときに届きやすい位置の吊り戸棚。密閉容器や、子どもの友だち用の食器セットなどを収納。

ダイニングとの間に設置した棚はご主人作の、配膳台兼ごみ箱収納。ランチョンマットを用意するのはお兄ちゃんの役割。手が届きやすいここに収納すべく、上部に浅い棚をリクエストしたそう。お手伝いもラクラク！

子ども自身も、
遊びに来た友だちも
片づけられる子ども部屋です

２階の子ども部屋。左奥の棚はＤＩＹによるもの。『ＩＫＥＡ』の樹脂ケースやワインの木箱に合うようサイズが考えられています。

ワイン箱の奥面にも、写真をペタリ。写真のと同じように入れると、ぴったり納まるので、友だちもパズル感覚でお片づけを楽しめます。

ケースに収納するものが一目でわかるよう、側面に写真を。散らかしたままでは帰りにくいママ友も片づけやすくなって、好評です。

子どものおもちゃには細かいものがたくさん！ それらは紙製のトランクの中にまとめました。手付きなので持って運ぶのにも便利です。棚に入れた状態でかわいいのもGOOD。

子ども部屋の扉を開けたところ。夢のある空間が広がっています。一面だけ水色の壁紙を選択。雰囲気がぐっとおしゃれに。

細かいものの収納には、キッチンのキャニスターも役立っています。元の用途にとらわれない柔軟な考え方も、片づけには必要です。

白、ステンレス、黒の無彩色がベースの石黒さん宅のキッチン。洋食器も、白または、透明なガラスです。色を氾濫させないため、すっきり見え、美しさも醸し出します。まさに、〝シンプルな美〟を感じる空間。

chapter 3

石黒智子さんに学ぶ、ものを持ちすぎない暮らし

イシグロ・トモコさん
エッセイスト。暮らしのエッセイを雑誌や書籍で発表する傍ら、キッチンツールなどの商品開発も手掛ける。そのシンプルな暮らしぶりには、脱帽したくなるほどの潔さが満載。著書に『わたしの台所のつくり方』（暮しの手帖社）、『わたしの日用品』（アスペクト）など。

ものを持ちすぎないことが、〝片づく〟部屋を手に入れるための近道。
でも、もったいないという気持ちが働いたり、物欲に負けたりと、ものは増えていくばかりなのが現状です。
そこで、エッセイスト石黒智子さんのシンプルな暮らしに、すっきり暮らすためのヒントを探してきました。

家全体に、潔いまでの〝シンプルな美しさ〟があふれている石黒智子さん宅。ここに住んで25年以上。長年住み続けていれば、ものがあふれ、暮らしの〝垢〟のようなものが家じゅうに堆積してしまうのが常ですが、どの場所も、あくまですっきり。必要なものは過不足なく、きちんとあるべき場所に納まっています。

どうして、それが可能なのでしょうか？　そのひとつの答えが、石黒さんのものの選択眼。独自の指針をしっかり持ち、時間をかけてものを選んでいる結果です。そして、もうひとつは継続した管理を心がけていること。「1年かけて家一周をチェックするんです。今月はここ、来月はあそこという具合に。1年間一度も見ていないものや場所がないようにします。ものを持つということは、ものを管理するということ。暮らしは変わるから定期的に見直していく必要があるんです」。

ものを選ぶときだけでなく、手に入れた後もなお、ものときちんと対峙し続けるのが、石黒さんの暮らし方。だからこそ、不要なものに埋もれるように暮らす必要がなくなり、空間全体が石黒さん宅らしい、独特の美しさを保ち続けているのです。

石黒さんの

ものを持ちすぎないための5つのルール

石黒さん的「ものを持ちすぎないルール」を、まずご紹介。
どれも意外性たっぷり、でも、ずしっと心に届く言葉ばかりです。

1 つまらないものを贈らない

「つまらないものを贈ると、つまらないものが返ってきますよ」と石黒さん。「日頃から、ものには小うるさい人と思われていたほうがラクです。自分のもの以上に、贈るものにこだわりを持っていればつまらないものをいただくことはありません」。手みやげも日ごろからアンテナを張って見つけたおいしいものを「つまらないものですが……」ではなく、「お口に合うと思いまして」と。「お祝いを差し上げるときは『お返しはなしで』と必ず言い添えてきました」。結婚したころは「それではおつきあいにならないでしょう」と言われたこともありましたが、だんだんまわりも「そうね。お互いさまということで」と変わってきたそうです。

右）調味料を収納したワゴンは、板金の職人さんに依頼してつくってもらったもの。左）シンプルなバーを探し、行きついたのが風呂場の手すり。元の用途にはとらわれず、ものを探します。

2 空腹で、外出しない

ものを持ちすぎないルールと空腹にどんな関係が？とびっくりしますが、石黒さんいわく「空腹で街を歩いているといいことはありません。気持ちに余裕がなくなって最良の判断ができなくなります。人にぶつかると『何よ……』と怒りの気持ちが先立ちます。嫌な顔つきになっているものです。そんなときにいいものが目に入るわけがありませんよね」。

夏の朝食は梅干しと白湯だけ。ほかの季節はミルクティー。昼食を11時半と決めている石黒さんですが、出かける日は朝食をしっかりとり、ひとりでは外食しません。ランチの約束のときも、朝食をとって出ます。「お腹を満たすというより脳に十分な栄養を与えて、あらゆることに適切な判断ができるようにします。買いものも脳が決めるのですから」。

3 迷ったら買わない！

「お店で買うかどうか迷ったら買いません。飽きるまでじっと見ます。ほとんどのものは30分も見れば飽きますからね。家にいて捨てるかどうかを迷ったものはいらないもの。捨てます」。〝迷ったら捨てる〟は、なかなか実践が難しいことですが、〝迷ったら買わない〟ならできそうです。

石黒さんは買う必要があるものでも、何年もかけて考えることがあるそうです。「どうしても必要なものはそんなにはないのです。買わなくても、そのうちにお下がりや形見分けでいただくものもありますからね」。最近彫金を始めたのは、目上の友人から道具一式をお下がりでもらったからだそう。「趣味とまではいかなくても真似ごとぐらいは楽しめます」。

右）サンルームの窓に向かって置いたテーブルは石黒さんがものづくりをしたり、ガーデニングの準備をしたりする、作業スペース。左）洗面所のタオル収納。すべて白を用意し、ここに入る分しか持たないそう。

石黒智子さん宅

パンこね板にしていた大理石の板と、トレーに合わせてつくってもらったデスク。持っているものを無駄にせず、生かすように考えるのも、石黒さんのシンプルライフの原点です。

4 ファッションをシンプルに

「家が外出のための収納庫になってしまっている人が案外多いと思います。だから、着るものを見直し、シンプルにすると、収納問題はずいぶんと解決できます」。ものを減らすためには、まずは、ファッションを見直そうという、思い切った提案です。闇雲に、クロゼットのものを引っ張り出して、要、不要を判断するのではなく、自分のファッションスタイルを決めてしまうことが先決。そこに合わないものは、おのずと処分の対象になりますし、必要以上に洋服を購入することもなくなります。それにともなって、靴やアクセサリーも厳選されていくので、自然とものが減らせるというわけです。

5 年間の買いもの計画を立てる

石黒さんは毎年誕生日に1年間の買いもの計画を立て、予算を決めます。昨年からの繰り越しを見直し、新たにいくつかを足します。それをノートに鉛筆で書き留めておくのです。そうしておくことで衝動買いが防げ、満足できるデザインや機能を備えたものをじっくり探すことができます。きちんと予算をとることで、分不相応な高額商品にもふり回されません。

「予定外の出費があったときは、消しゴムで全部消します。今年は歯科治療費で40万円以上の突然の出費がありました。まずは、家計を安定させてから新たに考えます。そのときに思い出せないものは、もう必要のないものです」

石黒さんはどうしてますか？

暮らしの雑多なものとのつきあい方

なんだか片づかない、あれこれ。石黒さん宅はどうしているのでしょう？
そこにも、ものを増やさないための独自のルールがありました。

［本&雑誌］

石黒さんの手元にある雑誌は、左の写真でわかるように**5、6冊だけ**。本もちょっとした本箱にあるだけです。「姉や友人たちに会うときは1度読んだ本や雑誌を持って出ます。その本や雑誌を読み終えるであろう時間を逆算して家を出ます。1冊の本、1冊の雑誌を2度しっかり読むことになります。そうしてから相手にゆずります。また、家に遊びにきた友人にも帰りの電車で読むために1冊」。本箱に残すのは植物図鑑とインテリア関係の洋書のみとなり、石黒さん宅では、本や雑誌が増えすぎることはないのです。

［アルバム・写真］

「家族の記念写真を撮る習慣はありませんし、私は海外旅行にもカメラは持ちません。思い出は台所に吊るしてある調理道具や食器、カトラリー。冷蔵庫にあるマスタードポットもフランス旅行の思い出。過去の旅行先の景色は映画で何度も観ることができますから。

息子の成長アルバムは**2冊だけ**です」。少ないとはいえ息子さんのアルバムはコラージュを楽しみながらの石黒さんの力作。写真の余分なところを切り捨ててから貼っているのでスペースを無駄にせず、以外にたくさんの写真を貼ることができています。

［取り扱い説明書］

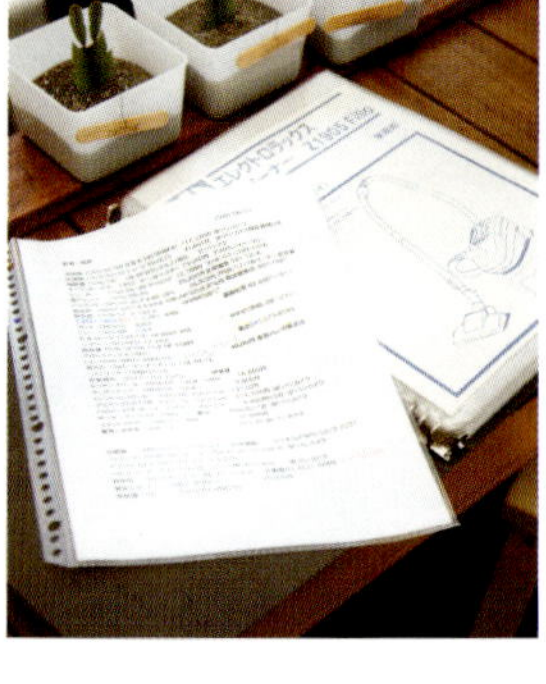

取り扱い説明書をファイリングするところまでは、多くの人が実行していること。でも、石黒さんのすごいのは最初のページに目次をつくり、ワンポケットずつはずせるファイルをその順番に並べているところ。探している説明書がすぐに見つかるだけでなく、今現在自分が持っている**家電が一目瞭然**になるというメリットも。家電を買い替えたり、処分したりして、持っているものも変わっていくので、ときどき目次を更新して見直すことで、自分の持っているものを**きちんと把握管理**できます。

［食材のストック］

キャビネットの下のワイヤかごの中に、パスタやのりなど袋に入っている食材、ワゴンの奥に調味料や缶詰類。ストックしている食材は、これですべてだというから、驚きです。〝**収納場所に入りきるだけ**〟というルールにしているので、増えすぎることはありませんし、食材がよく見えるので死蔵品もできません。お中元、お歳暮の季節になると、いただきものをしまう必要があるので、スペース確保のために、食品の在庫整理をするのだとか。年に2回のチェックのおかげで賞味期限も逃しません。

［紙袋］

ついため込んでしまい驚くほどの量になる紙袋。石黒さんは、2つの紙袋に入るだけと決めて、**入り切らない分は捨てる**ようにしています。

大きいサイズのものは資源ごみの回収のときに紙類を入れて出す袋として使用し、小さいサイズのものは、ものを差し上げるときなど用にとってあります。そのときにいっしょに使う梱包用の緩衝材も同じ袋の中にキープ。クロゼットの、よく見えるところに入れてあるので、持っている量もわかりやすく、たまりすぎることもありません。

［消耗品のストック］

「消耗品のストックについては、年齢とともに考え方が変わってきました」と石黒さん。30代のころは、トイレットペーパーは最後の1ロールをセットして（つまり**1ロールも予備がない**状況になって）から、買いに行っていたというほど、ストックは持ちませんでした。でも、40代、50代となって変化が。トイレットペーパー、ティッシュ、洗剤、どれもコンパクトになって、場所をとらなくなりました。また介護で忙しかったこともあり、ストックを持つようになったそうです。収納場所が狭いなら持たない、ストックを持つなら収納場所に入るだけと限定したり、コンパクトなものを選んだり。また、底値だからと大量買いしないなど、自分の暮らしに合わせて自分ルールを決めることが大切です。

キングベッド用はシーツは大きいので、厚さ、重さ、布端の折り込み幅など、小さなことでも乾きやすさに差が出て、使い勝手が変わってきます。

石黒さんのもの選びストーリー

「買わないと ものは減らせません」

ものを買うときに、熟考していますか？
ベストなものを探し出す努力は足りていますか？

石黒さんがひとつのものを選び、購入するまでには、さまざまなことを熟考します。その一連の流れを知ると、石黒さんのもの選びの考え方、ものが増えない理由がわかります。いくつかの例を取り上げてご紹介していますが、そのまま真似る必要はありません。その考える過程こそが大切ということに私たちが気づけばいいのです。

石黒さんは、「買わないから、ものが減らせないのです」と、パラドックス的表現ですが、とても含蓄ある言葉を教えてくれました。比較検討し、満足して購入したものに囲まれていれば、新たに欲しいもの、必要なものは、たくさんは出てこないということ。「いい買いものができていれば、ものはたくさんはいらないのです。そして自分にとって価値のあるものが少しあれば十分だと気がつきます。いいものを買うからこそ、部屋が片づくのです」。

シーツは、リネンか、コットンか？

今までは リネンでした

3年半使ったリネン（麻の中でも上質なもの）のシーツの買い替えを思いたった石黒さん。シーツは長年リネンのものを愛用し、1枚しか持たなかったそうです。リネンは乾きやすいから冬でも数時間でパリッと乾きます。乾いたらアイロンはあてず、収納せず、そのままベッドメーキングをするので洗い替えは必要ありませんでした。収納について考えなくてもすみます。そして、1枚だけなので、その分、じっくり選んで、上質なものを選択したのです。

ところが、今回の買い替えのときには、いつものリネンがさらに高くなってしまったので、見切りをつけ、コットンで探しました。コットンはリネンに比べると乾きにくいので、薄地で、布端の折り込み幅が小さいものというのが、石黒さんの選択の基準。薄地で折り込みが小さければ、リネンほどではないにしても、乾きやすいから洗い替えの必要がないと、考えたからです。

キッチンクロスも、シーツの端切れで作成。ここまで使い切ることを想定して買えれば、間違いなく〝いい買い物〟です。

今回は、『IKEA』のコットンシーツ

値段と質などを鑑みて、ベストと選んだのは、『IKEA』のシーツでした。値段はそれまで使っていたベルギー製リネンの1／10以下。買い替えてから、すでに1年半がたちました。リネンなら中央部分が薄くなってきて周囲との厚みの差が気になるころですが、このシーツは石黒さんが思っていた以上に、摩擦に強く、くたびれてこないそうです。リネンは洗濯すると10%ぐらい縮むことがあったので、大きめを買わなくてはならなかったそうですが、このシーツはサイズもほとんど変わりませんでした。

石黒さんは、商品をコストパフォーマンスで選ぶと言います。それは、価格のほか、シャドープライス（交通費、送料、手間など）、耐久性、洗濯にかかるコスト、メンテナンス性、リメイクのしやすさ、そして50歳を過ぎたら重さまでもが大きく関係してくるそう。ただ単に、値段と質のバランスによる、費用対効果だけではなく、多くのことを考えたうえでの、コストパフォーマンスだそうです。

リネンのシーツは体がよくあたるところから破れてきます。そこをよけて、サンルームの日よけへと、シーツをリメイク。

もの選びは、そのときどきで変化する

リネンのシーツは、破れたところをよけて、サンルームのひよけを縫ったり、エプロンにつくり替えたりと、無駄なく活用してきた石黒さん。そこまですることを考えれば、上質なリネンのシーツも決して高い買いものではありません。でも価値基準は、年齢、ものや家電の進化とともにどんどん変わり、違う選択をすることも。

「私の場合は洗濯機から取り出すときの重さが苦になってきました。リネンのシーツはこの機会に卒業。これからはコットンの中から軽さを最優先で選びます」

破れたリネンのシーツの端切れでエプロンも製作。ハンカチをリボン代りに縫い付けておしゃれです。

購入して13年目の掃除機と、19年目のオーブントースター。壊れている部分があってもなお、石黒さんにとっての必要な用途はこなしています。

家電の買い替えのタイミングは？

新品でもすぐ捨てる、壊れても使い続ける

　今、石黒さんが使っている掃除機は12年前に買ったものだそう。その掃除機には、専用のノズルがついていましたが、付属の壁かけ用ホルダーや肩に下げるためのベルトといっしょに、すぐにごみにしたそうです。というのも、その前に使っていたノズルが使いやすかったので、それが使える掃除機という基準で選び、以前のノズルを使い続けたからです。付属品は石黒さんにとっては不要品でした。新品であっても自分にとっての使い勝手次第で、きっぱり捨ててしまったというのが石黒さんらしいエピソードです。

　そうやって愛用してきた掃除機が3年前に突然止まって、動かなくなったことがありました。分解して直したものの、電源コードは巻き取れなくなってしまい、今もその状態で使い続けています。でも、それくらいでは買い替えません。まだまだ、自分にとっての必要な役割は果たすからです。さすがに、新しい機種も気になり、ときどき、家電量販店を覗くそう。でも、慌てて掃除機を買い替えることはしません。ほうきも使っているから、突然、掃除機が動かなくなっても大丈夫と大きく構え、購入後、13年目の今年も掃除機は現役で活躍しています。

ほうきは、柿渋塗りのちりとり（はりみ）とセットで使用。はりみは、直しながら長年愛用しています。

トースターも一部壊れているけど大丈夫

　オーブントースターは、さらに長いつきあいで、使い始めてから19年目だそうです。ほかは問題なく使えるものの、トースト専用のサーモスタット（温度を感知して調整する機能）がダメになり、焼けていないのにスイッチが切れてしまいます。でも、トーストはガス火でも焼けるので、オーブントースターは小型オーブンとして使い続けています。

　という具合に、石黒さん宅の家電の買い替えどきは、家電がもうすぐ壊れそうだからというタイミングでも、一部壊れたから、でもありません。ほかのもので用をつなぎ、じっくりと探し続け、本当に納得する機能&デザインのものに出会えたときなのです。

オーブントースター（上の写真）の壊れた部分は、フランスのスーパーで購入したキャンプ用の直火トースターが補います。

やかんは、本当に必要か？

なぜ、必要なのか、考えてみる

やかんは必要かなんて、考えることなく、やかんを持っている人が多いのではないでしょうか？石黒さんは紅茶を鍋でいれます。というのも20年近く試行錯誤をした結果、鍋のほうがおいしくなるということに気づいたからです。やかんのお湯をポットに移すといういれ方では、湯の温度が下がってしまう。その予防にあらかじめポットを温めるくらいなら、鍋のほうがずっと簡単。それで14cmのステンレス多層鋼深鍋でいれる方法にいきつきました。

「なぜ、14cm鍋なのか。14cmの鍋はカップに注ぎやすい。なぜステンレス多層鋼鍋か。保温力に優れているから紅茶を蒸らしているときに冷めにくい。なぜ深鍋か。1カップ分でも6カップ分でもひとつの鍋でできるから」

紅茶をいれるのに使っている直径14cmの深鍋。ふたを開けたまま沸騰させてカルキを抜き、茶葉を入れてからふたをし、蒸らします。

「やかんは水を入れるとその分重くなるのだから、そこも考えて選ぶことが大切です。デザインも大事ですが、重さにも注意して」。

お茶にやかんは使わないわけですが、コーヒーのドリップには使います。また、やかんの容量（満水1.5ℓ）で足りる湯たんぽにも。じゃあ、やっぱりやかんは必要！と、安易に考えを戻さないで。石黒さんは、「紅茶のいれ方に限らず、道具の進化で作法も変わります。昔からの形に固執しないほうがいいです」と言います。考え方、見方、作法を変えれば、必要だと思い込んでいたものが不要なこともあります。自分の持ちものについて、それを持つわけを、きちんと考えてみませんかという、意識の持ち方の提案なのです。

電動か、手動か？

電動バーミキサーの長所・短所

石黒さんはレシピコンテストの賞品として、電動バーミキサーをもらいました。当時、あこがれていた品で、マヨネーズづくりに大活躍したそうです。手動ではなかなか乳化してくれないところ、このミキサーを使うと、少々雑につくっても、見事に乳化。一方で、当時の製品は消費電力が小さく、パワー不足。コーンポタージュをつくっていると途中で止まってしまい、手動のムーラン（こし器）でこし直しでした。コーヒーは粒子がバラバラ、すりごまは油が付いて洗うのが面倒。結局マヨネーズづくり以外のアタッチメントは全部捨てることに。

修理するより買ったほうが安い!?

使い始めて1年ちょっと過ぎたころに電動バーミキサーが動かなくなりました。マヨネーズづくりには絶対必要と思っていた石黒さんは修理を依頼。20回しか使っていないこと。うち15回はマヨネーズづくりで使ったことなど、モーターへの過負荷は考えにくい、と使用状況を説明したら、『修理をするより新しく買うほうが安いです』と言われました。「モーター、スイッチ、コード、接続には異常がなかったの。1枚の基盤交換だけ。それが新品購入より高いなんて……」。

結局、コーヒー豆は手動のミル、スープやこしあんにはムーラン、ごまはミニすり鉢、マヨネーズはレシピをいろいろ研究し、ミキサーを使わずにつくるようになったそう。これが、電動と手動のそれぞれのよさをわかったうえでの石黒さんの選択。今後は変わる理由が訪れるかもしれません。でもよく考え、比較し、そのとき最良のものを選ぶ姿勢を石黒さんは持ち続けることでしょう。

コーヒーミルは手動。イタリアで買ってきた14cmサイズのムーランは2010年8月より三越日本橋店で販売されることに。

Chapter 4

ハードルがあっても言い訳しない、片づく部屋&片づけのルール

小さな子がいても

古い家でも

狭い家でも

「狭くて収納スペースがないから、片づかないの～」、

「子どもが小さいうちは、片づかないわよ」、

「古い家だから、収納が使いにくくて～」。

こんな風に、自分の家が片づかないのは、「○○だから」と、つねに言い訳をしていませんか？

もちろん、部屋を片づけるにあたっては、どれも、大きなハードルになりうること。

でも、そんなハードルを言い訳にせず、片づく部屋を手に入れている人もいるのです。

そんな家から、さらに多くのヒントを見つけてきました。

中島亜希さん宅の片づけハードル

散らかしざかりの男の子2人のいる暮らし

子どもがいるお宅とは思えないリビングですが、ソファの陰におもちゃ収納場所が。パッと目に入らない位置に片づけるだけでも、すっきり！

小さな子がいても

中島亜希さん宅の片づけのルール

その1

ダイニングに子ども服、洗面所にスーツ。2階に行かずに片づけられる工夫を

1・2階に生活空間が分かれると、片づけが面倒でどちらかの階に置きっぱなし、脱ぎっぱなしにしがち。メインの生活空間に散らかるものは、すぐそばに収納場所を確保します。

その2

ザ・収納家具ではなく、置いて美しい、好きな家具に収納する

造り付け収納は設置できる場所が限られるうえ移動も不可能。おしゃれな置き収納家具を選べば必要な場所に収納ができ、置いておくだけでインテリアを素敵に見せてくれます。

その3

子どもに手が届かない壁に注目してディスプレイ&見せる収納に

小さい子どもがいるうちは無理、とあきらめることなく、まわりを見渡してみて。子どもの手が届かない壁面を使えば、ディスプレイを兼ねた、見せる収納だって実現できます。

上）リビングの一角の、階段下となるスペース。壁を飾りながら収納し、見せ場をつくっています。中）テレビ台の下には絵本を収納。ここは自分でもしまえるので、ママといっしょに片づけも。下）細かく分類せず、箱にポンポンと片づけるほうが面倒になりません。

ダイニングキッチン。おしゃれさを演出してくれる収納家具を選んでいます。アクセントになっているペンダントライトと、デスク上のアームライトは『イデー』で購入。

棚の上のふた付きかごや木製の器は、ディスプレイとしておしゃれなだけでなく、収納にも活躍しています。

キッチン前のカウンターの引き出しがスーパー袋の指定席。出すのも、片づけるのもラクな位置です。

インテリアを楽しむことが、片づけを続けられるいちばんのモチベーションに

海外のインテリアを思わせる色彩感覚とディスプレイで、スタイリッシュな空間をつくり上げている中島亜希さん。散らかしざかりの男の子2人といっしょに暮らしている空間とは思えません。

「私も夫も、片づけは得意じゃないんです。とにかく面倒じゃないことを意識して収納場所を考えました」と中島さん。戸建ての場合、1階から2階への片づけは、〝面倒〟の最たるもの。それをできるだけ減らすよう、ダイニングに子ども服を、夫が帰宅したときに2階に上がらずに片づけられるよう、スーツは洗面所にと、収納場所をつくりました。効果はてきめん。〝後で2階へ〟と思って、置きっぱなしにしてしまうものがなく、すっきり空間を保てます。

そして、おしゃれな北欧の家具や、壁面に取り付けたディスプレイ棚も重要な役割を担っています。お気に入りの家具は収納スペースを増やし、子どもの手の届かない場所のディスプレイは飾る収納に。何より自分がインテリアづくりを楽しむことで、モチベーションが保て、片づけることが苦ではなくなります。子どもが小さいからこそ、逆にインテリアをあきらめない。これも片づく部屋に近づくルールなのかもしれません。

中島亜希さん宅

右上）ダイニングからリビングへつながる位置に置かれたチェスト。上の引き出しにはリビングで必要な雑多なものが入っています。上）ダイニングのチェストの向かい側の壁。壁の飾り方、色の合わせ方、グリーンの配置、何をとっても、日本人離れしたセンスのよさです！

アクセサリーはディスプレイとしても活躍。容器に入れたり、キャンドルスタンドにひっかけたり。

ダイニングの一角にあるチェストに子どもの洋服を入れています。ダイニングに洋服！と思わず、使いやすさ、片づけやすさ優先でこの場所に決めました。

アクセサリーは出かける前に慌てて探すことも多いので、2階に収納してしまうと、出すのも片づけも面倒に。この定位置が便利です。

シンクの上には、扉をはね上げ式で開ける戸棚を設置。食器はここに収納しているので、調理をしながらの出し入れも手間いらず。

キッチンの壁にはバーを取り付け、キッチンツールをひっかけながら収納。小棚も設置できるので、塩つぼなども置くことができます。

洗面所にスーツを置くスペースをつくるだけで、メインの生活空間が散らかりません。夫や子どもの洋服がリビングに脱ぎっぱなしで困るという人は、片づけやすいところに、脱いだ洋服の収納場所を決めて。

オープンキッチンを採用した中島さん。「キッチンでひとりさびしくはいやだったし、キッチンツールが並んでいる様子を眺めているのが好きだから」。

家族が散らかしがちなものに先まわりして指定席を用意し、〝片づけハードル〟を下げて

幼稚園のバッグと帽子は玄関の椅子の上に置いて。ここに置くということを親が徹底していれば、子どもも同じようにしてくれるはず!?

右）階段下収納はリビングから使えます。扉の裏にかご収納を取り付けているので、掃除道具など雑多なものを。下）キッチンのすぐそばに食品庫を。さっと出し入れができ、死角なのでごちゃごちゃは隠せます。

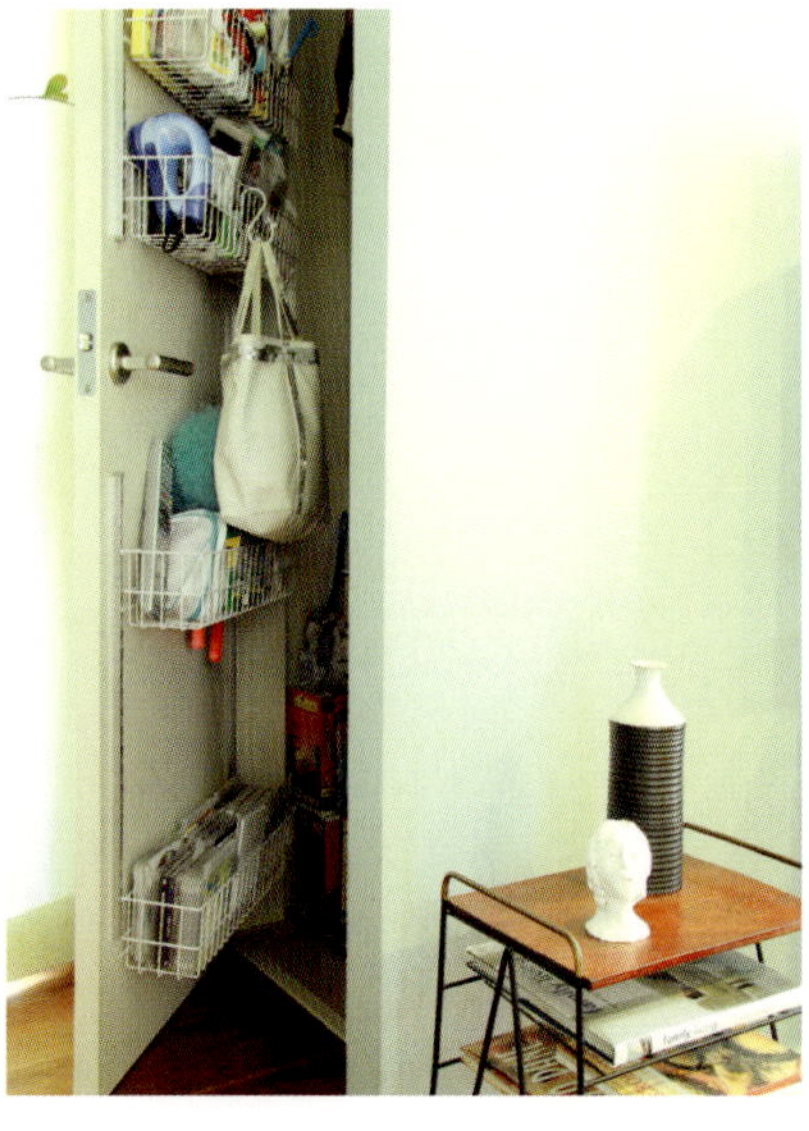

住まいのデータ

＊福岡県在住
＊夫と２歳＆４歳の男の子との４人暮らし
＊３ＬＤＫ　110㎡
＊築３年

ナカジマ・アキさん
専業主婦。元々、住宅メーカーで、インテリアアドバイザーの仕事をしていたほどの、インテリア通。

酒向志保さん宅の片づけハードル

子ども2人のいる、古い家での暮らし

布小もの作家の酒向志保さんは、夫と子ども2人との4人暮らし。「子どもが大きくなってきたこともあり、広く、自分たちでリフォームできる中古物件を探しました」。購入後すぐに、夫婦によるリフォームがスタート。壁の打ち壊しを皮切りに、1年半かけて現在の状態にたどり着きました。新しくなった住まいはかつて純和風だったとは信じられないほど、見事な仕上がりです。

自分たちの力でつくり上げた理想の住まい。その居心地のよさをキープするためには、家族の協力が必須のようです。「自分だけがわかっているルールをつくっても、家族がわからないとすぐに散らかってしまいます。だから、みんながわかりやすい位置にしまったり、すぐわかるようなルールを決めておくことが大切です」。

家具を増やさないことも信条。「食器も洋服も棚に入らないなら買わない。いちいち収納スペースを増やすときりがない。ただ、箱やかごは外に出ていても絵になるので、しまう場所が足りないときはそれらを使います」

家族の行動を思い浮かべ、自分の手を動かして暮らしに合った片づけ方法を見出したことが、酒向さん宅がすっきり快適になった理由なのかもしれません。

2階のアトリエスペース。ハンドメイドの材料には布をかけたり、箱やかごの中にしまったりすることで、外に色が氾濫しないように心がけています。

小さな子がいても

酒向志保さん宅の片づけのルール

その1

“子どもにも夫にもわかりやすく”をモットーに片づけ場所を決める

自分以外の人が使うものや、毎日使うものは目立つ場所に置くようにします。棚の中も、みんながわかりやすい納め方になるよう工夫すれば、出すのも戻すのも迷いません。

その2

足りない収納スペースはかごや箱で補って、かわいく片づけ

一度家具を増やすと、部屋が狭くなるだけでなく、不要になったときの処分も面倒。いろんな場所で転用できる箱やかごを活用して、片づけ用のスペースを生み出します。

その3

衣替え・模様替えを積極的に行って不必要なものを外に出さない

今シーズンのものと、別のシーズンのものが混在すると、部屋は散らかります。季節ごとにきちんと衣替えや模様替えを行うことで、余計なものが外に出なくなります。

秋冬しか使わない毛糸と編み棒は、まとめてかごに入れてお片づけ。季節が終わったら、かごごと押入れの中にしまいます。

茶碗、マグカップ、カトラリーなど、それぞれの位置が決まっているから、片づけもラク。「子どもたちも、自分で出し入れできます」。

毎日使う食器類は、壁に取り付けた白い棚に。上に並べる皿は白に統一し、すっきり見せるようにしています。

むやみに増やさない、足さない。それが、ダイニングキッチンをすっきり保つコツ

家族みんなにわかりやすいよう、調味料はアンティークのホウロウキャニスターにひとまとめ。これならインテリアにも調和します。

子どもたちのお菓子は、アンティークのブレッド缶に収納。すっぽり隠してしまうので、パッケージのうるささも気になりません。

キッチンの脇につくったニッチには、雑貨や植物をディスプレイ。季節ごとに入れ替えをし、小さいながらもセンスが光るコーナーです。

酒向さんお気に入りのダイニングスペース。手前の椅子にかかったティッシュボックスケースは、もちろん自身のハンドメイド。

家族共有のもの以外は置かないのが、リビングのルールです。「ランドセルやかばんも、寝る前には必ず子ども自身が子ども部屋に持ち帰るようにさせています」。

さわやかなグリーン色に塗られた子ども用のデスクは、長男用の遊び場。「遊び場をきちんとつくってあげると、散らかし放題にならないから片づけもラクです」。

緑色のかごは、「ものの避難所」。図書館の本やブランケットなど、一時的に置きたいものを入れる場所です。

ソファの裏側には、小さな椅子とかごでつくったお片づけスペースが。子どもたちといっしょに遊ぶカード類も、定位置を決めれば散らかりません。

自分たちで手をかけ
つくり上げた空間だから
きれいをキープできるのです

子ども部屋は、やさしいベビーピンク色を壁面に施し、ヨーロッパの屋根裏部屋のような雰囲気。この部屋も、人の手を借りずに改装したというから驚きです。

洗面所でも「家族みんながわかりやすく」というお片づけルールは健在。家族のタオルをフックで分けて、ごちゃごちゃにならないように工夫しています。

住まいのデータ

＊東京都在住
＊夫と７歳＆９歳の子どもとの４人暮らし
＊４ＬＤＫ　100㎡
＊築30年

サコウ・シホさん
布小もの作家。多数のハンドメイド誌に作品を発表。著書に『りおちゃんのおうち』（日本ヴォーグ社）がある。Webショップ http://cava-merci.chu.jp/ 運営中。

子どもの本は外に出すと色が強すぎるので、扉付きの白い棚の中にまとめて収納。「一か所にまとめておくと、探したり戻したりがしやすいみたいです」。

吉永亜幸さん宅の片づけハードル

古い団地の、昔ながらの間取り

散らかるものの代表選手が、子ども関係のプリント類。吉永さんも悩みの種だったそうですが、専用の棚を設けることですっきり!

プリント類は、そのまま持ち出すことも多いので、100円ショップで気に入るファイルを探し出し、ジャンル別に分けています。

ＤＩＹした白い棚に小引き出しを組み合わせ、付箋、封筒、ぽち袋などの細かいものを、出し入れしやすく収納。

古い家でも

吉永亜幸さん宅の片づけのルール

その1

古い空間を、かわいく見せてくれる味わい深い古道具&古家具を活用

その2

古いからDIYも受け入れやすい。暮らしに合わせて、自分でつくる

その3

床に〝じか置き〟は厳禁！掃除がしやすい、すっきり空間に

リビングのソファの背面にデスクコーナーを設けました。味わい深い古家具や古道具を上手に使って、細かいものを収納しつつ、見せてかわいい空間に。

収納のためだけの家具や道具は、味けないもの。中古家具や古道具は、空間を味わい深くし、置いておくだけで部屋を魅力的に見せてくれます。もちろん、片づけにも大活躍です。

新しい内装にDIYの家具を合わせるのは、完成度が高くない限り難しいもの。古い内装だからこそ手作りが魅力的に映るので、DIYで、必要な場所に必要な収納をつくって。

床に直接ものを置き始めると散らかりの原因になります。壁を上手に使って収納場所を増やし、じか置きのないすっきり空間を目指しましょう。掃除もしやすくなって、より快適。

アロマテラピー用のオイルなどは、すぐ手の届くところに置いておくのが便利です。かわいい木製の入れものは、やはり中古もの。

キッチンカウンターに置いた小引き出しは両面から使えるもの。出すのも片づけるのも、これならラクラク。

P.104のデスクコーナーの向かい側の壁。中古家具を組み合わせたおかげで、無機的になりがちなテレビまわりも、いい雰囲気！

リビングのコーナーに置いた1人がけのソファ。その上にも手製の棚を取り付け、飾りながら収納できるようにしています。

ソファの後ろの取っ手つきバスケットは、雑誌入れ。意外なアイディアで片づけが楽しくなります。

圧迫感があったというふすまを取り外し、2間続きにしました。おかげで空間が広々。部屋をまたぐ形でソファを置いています。

古さをマイナスととらえず、味わいがあって魅力的と考える前向きな姿勢が大切

築30年を超える昔ながらの間取り。ベージュ色の暗い壁。普通ならインテリアへのモチベーションは下がりそうですが、吉永亜幸さんはあきらめませんでした。古さを醸し出すふすまは取り除き、暗さをもたらす壁には自ら壁紙を貼って、イメージを明るく一新。

そして、古さを逆に味わいと考え、この内装に合うインテリアをつくっていくことに決めたのです。その主役が古道具屋さんで購入した小家具たち。そのたたずまいで味わいをプラスし、部屋をかわいく見せ、きちんと収納もできる。吉永さん宅では一石三鳥ともいうべき活躍ぶりです。「古い小引き出しや家具は、飾りながら整理整頓でき、いかにも〝収納〟って感じにならないのがいいんです」。

また、吉永さんは、棚やキッチンカウンターまでつくれるほどのDIYの達人。暮らしに合った場所に必要な収納をつくり、さらに片づけやすい家へと進化させました。

〝古い〟をハードルと考えず、古いからこそ、古道具やDIYでつくったものが似合う空間だと前向きにとらえ、魅力に変えていく姿勢。これが、ハードルを克服して、暮らしやすく片づけやすい住まいを手に入れるために、いちばん必要なもののようです。

吉永亜幸さん宅

キッチンカウンターはなんと吉永さんの手づくり！　既製のボックス家具をベースにし、板を取り付けてカフェ風カウンターを完成させました。

必要な場所に、ぴったりサイズで収納場所をつくることができるのが、手づくり家具の魅力。キッチンの背面の棚や、窓上の棚もすべて手づくりです。

壁にフックを取り付けるとそれだけで収納力がアップ。かわいいバッグを吊り下げてスーパー袋の指定席に。

キッチンでももちろん活躍中の小引き出し。
コーヒー用フィルターなどの定位置です。

シンクまわりのスペースが狭くて水切りかごを置けないので、隣に設置した棚の側面を利用して、小さい水切りかごを取り付けました。

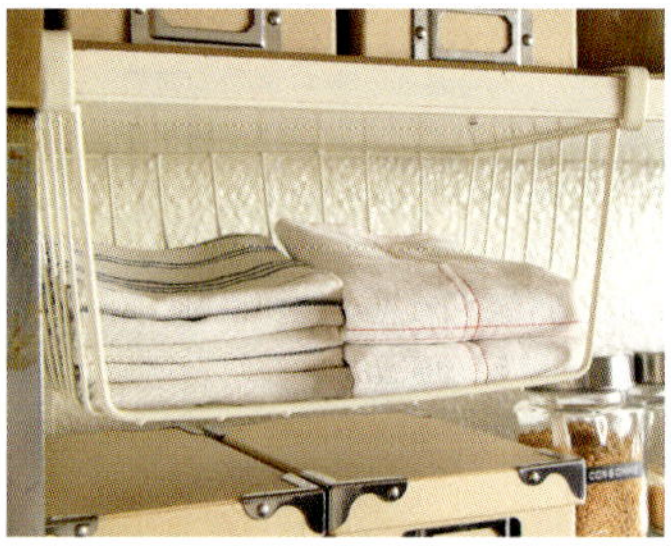

吊り戸棚下にさらに収納を増やすべく、棚にひっかけるタイプのかごを。ふきんの定位置。シンク上なので、手が届きやすい場所です。

使っているキッチンクロスは、壁に取り付けた木製のふきんかけに。小さなものもこだわってかわいいものを探し出しました。

調味料＆スパイスはふたがシルバー色のシンプルなガラスびんにすべて入れ替え。ずらっと並ばせておくだけでおしゃれです。

吉永さん宅は壁を上手に収納に活用。それ自体が絵になるフックを選び、玄関＆廊下で大活躍させています。バッグをひっかけたり、かごをかけて、そこにさらに収納したり。

シンクの脇に置けなかった食器洗い機は、食器棚の上に。むき出しに置きたくなかったので板で囲み、布のカーテンを垂らせるようにしました。まさか、ここに食器洗い機が入っているとはだれも思わない完成度。

自ら、棚をつくったり、
フックを取り付けたり。
暮らしやすい工夫を重ねます

上）子どもの学校に行くときに必要なＩＤカードは、玄関のかごの中が定位置。
左）腰の高さにフックがずらり。ここなら子ども自身でひっかけたり、取ったりができるので、子どものお片づけ教育にも便利。

住まいのデータ

＊福岡県在住
＊夫と７歳＆８歳の子どもとの４人暮らし
＊３ＬＤＫ　60㎡くらい
＊築30年

ヨシナガ・アコさん
専業主婦。「ネットオークションで安く見つけたものに手を加えて、かわいく使いやすくするのが好き」。

裕子さん宅の片づけのハードル

49㎡のスペースに4人暮らし

ダイニング。雑多な生活用品は、キッチンカウンターの上と下に納まっているので、必要なものはこの場所ですべて見つかります。

5歳の息子さんと10歳の娘さん、夫との4人暮らしの、裕子さんのお宅は49㎡。子どもが成長するにつれ、手狭になってきたので引っ越しも考えたそうですが、環境のよさが気にいって、決心がつきませんでした。そんなときに出合ったのが、リフォーム会社『オクタロハススタジオ』。

「この限られた広さでも、子ども部屋をつくって快適に暮らせる、そんな提案を受けてリフォームをすることにしました」と裕子さん。いったん、内装をすべて取り払う形で一から空間を構成し、子どもスペースをつくり、要望通りの場所にぴったりサイズで収納を増やすこともできました。

リフォームをしたから得られた快適さですが、裕子さんからは印象的な一言が。「狭いからいろいろなものにすぐ手が届くし、片づけやすい。狭いことって、メリットでもあると思います」。もちろん、できるだけワンアクションで片づけられるように工夫し、同じ種類のものは同じ場所へなど、基本的な収納法を実践しながらのことではあります。でも、〝狭いほうが片づけがラク！〟というこの前向きなとらえ方は、つい狭いことを嘆いてしまいがちな私たちの考え方に一石を投じてくれます。

広くない家でも

裕子さん宅の片づけのルール

その1

狭い＝片づけ場所が近いということ。ゆえに、狭い＝片づけがラクと考える

広い家の場合、ものの指定席＝片づけ場所が遠くなってしまうこともあり、出しっぱなしの原因に。でも狭い家は片づけ場所を近く設定できて片づけがラク。前向きな考えが吉！

その2

同じもの、同じ場所で使うものは分散せずに、一か所に収納する

同じものが家のあちこちから出てくるのも便利ですが、どこに片づけるべきか迷いが生まれたり、ものの持ちすぎの原因にもなったり。片づける場所はあちこち分散せず、一本化。

その3

ワンアクションを目指して片づけやすさをつねに念頭におく

扉をつけないかご分類。または扉をつけるなら大きな扉にし、一度の開閉で全体を見渡せるように。ワンアクションを目指して、収納場所をつくれば片づけが面倒になりません。

子どもの学校のプリント類を使いやすい状態に納めてこそ、散らからない空間に。扉の裏も活用して、ごちゃごちゃ見せない収納法。

キッチンに食品庫を設けました。このおかげで、季節ごとに大量買いする食品などが廊下に山積みということにもなりません。

かごや小引き出しなどを使って、ものを分類収納。頻繁に使うものが入っているので、扉はつけず、片づけをワンアクションで可能に。

ダイニングとつながるリビング。コンパクトながらくつろげる雰囲気。自然素材を使ったリフォームが得意な『OKUTA』なので、床材はパインの無垢板にすることができました。

かごには古新聞が。場所がないので苦肉の策とのことですが、ここなら、さっと入れられ、散らかりません。

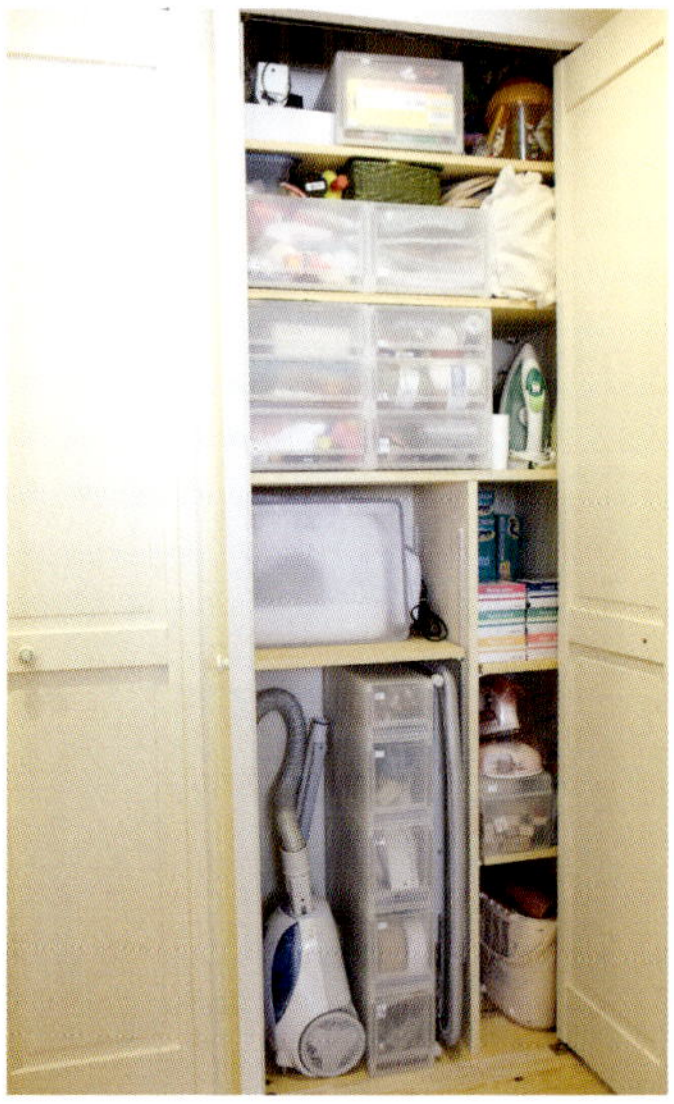

玄関からリビングへとつながる廊下部分に天井までの収納スペースをつくりました。リビングに近い収納スペースには掃除関係のもの、アイロン、生活用品のストック類を一括収納。玄関側には玄関で必要なもの、外出時に持って出るものなどをまとめています。

住まいのデータ

＊東京都在住
＊夫と５歳&10歳の子どもとの４人暮らし
＊１ＬＤＫ＋子どもスペース　49㎡
＊築16年（リフォーム後半年）

ヒロコさん
専業主婦。手づくりが好きで収納に使っているかごなども自作し、暮らしを楽しんでいる。

裕子さん宅

リビングの奥が2人の子ども用のスペース。ロフトベッドを造り付け、その下をそれぞれの子の専用スペースに。壁は家族総出でペイントし、姉弟のスペースを視覚的に仕切っています。将来的には仕切りがつくれる設計。

壁に棚を取り付け、ティッシュや絵本を収納できるように。ちょっとのことでぐっと便利になりました。ウォールステッカーを貼って、楽しげな雰囲気。

ベッド下のスペースはできるだけ床面を空けておくために、フックを多用。習い事のバッグなどをひっかけておいたり、冬はコートをかけたり。狭い家では壁の上手な活用は、必須事項です。

片づけやすいから
部屋が狭いのはメリット!
前向きな姿勢が福を呼びます

Kさん宅の片づけのハードル

47㎡の限られたスペースに2人暮らし＋仕事部屋

寝室ゾーンから、ダイニングキッチンを眺めたところ。リフォームは、『スタジオコンボ 建築デザイン事務所』に依頼しました。

上）造り付けた棚はCD用ではありますが、一部の棚は雑貨を飾るなどし、圧迫感を出さないよう工夫。棚は可変にしてあるので、用途を替えるのも簡単です。下）食器棚にしているキャビネットは以前から持っていたもの。左奥が仕事部屋ゾーンです。

狭い家でも

Kさん宅の片づけのルール

その1

たたまない、放り込むだけ。見えないところはごちゃごちゃでOK！

片づいている状態を維持することを優先し、見えないところの美しさは二の次。きれいにたたんだり、美しく並べようと思うと面倒になるので、箱や引き出しに放り込むだけ。

その2

暮らしに合わせてどんどん変える。収納は融通のきくオープン収納に

中に収納するものを、がちがちに限定するような収納スペースは、持っているものや暮らし方が変わったら、融通がきかず不便。臨機応変に対応できる収納を考えて取り入れます。

その3

安い収納グッズはバラバラ買わず、揃えて並べてチープに見せない

カラーボックスや紙箱。安い収納グッズは便利ですが、チープに見えがち。同じものを揃えて、並べて使うだけで、安っぽさが軽減されるだけでなく、整然と見えます。

ほとんど動かなくても、必要なものに手が届くキッチン。つまり、すぐに片づけられるということ。毎日使うものを収納している壁の棚は、すぐ下にある食器洗い機から出したら、そこにのせるだけ。

『IKEA』で購入したバーにフライパン類をひっかけ収納。「濡れていてもここにかければ乾くので、さっさと片づけられます」。

コンロ下は収納を造り付けず、板を使って鍋を収納。しゃがまなくても、鍋の出し入れができてラク！　その下にはワイン用冷蔵庫を。

シンク下もオープン収納。大きいビールケースなどはそのまま入れ、細かいものはクロゼット用樹脂ケースを使って分類収納。

引き出しにはキッチンツールではなく、食器を収納。普段使いのものはここに入れているので、食器棚まで動く必要がありません。

47㎡に2人暮らし。かつ仕事部屋も兼ねているので、決して広い空間とはいえないKさん宅。そこで、壁をすべて取り払ってワンルームにリフォームし、寝室、キッチン、仕事部屋のゾーンだけを決めました。「壁がない分、広々感じられて快適ですよ」とKさん。仕切りをつくらないことによって、狭い家でも圧迫感のない空間をつくることに成功しました。

　ワンルームということは、どこもかしこも丸見え。広々感を優先した分、片づけは日々の重要事項。ぐうたらを自称するKさんは、面倒のない収納法を模索します。それが放り込むだけの収納。引き出し、箱、かご。入れてしまえば、中は見えないし、部屋自体は片づく。「見えないところはごちゃごちゃでいいと割り切っています」。

Kさん宅

収納するものに合わせて棚の組み替えがきくオープン棚をキッチン収納に活用。『無印良品』のものにペイントをしています。

収納しにくいトレーは、冷蔵庫の側面にマグネット式のタオルバーを付けて定位置に。邪魔にならず、手も届きやすくて便利。

エコバッグは、洗った発泡スチロールのトレーと牛乳パックを放り込んでおく場所。買いものに出るときに持って出て、スーパーの集積所へ。

さっと手が届く位置に収納すれば
片づけるのもラクラク。
ぐうたらだからこその、収納法

細かく決め込んだ収納がないのも、Kさん宅の特徴。暮らしに合わせて、自由に変更できるからというのが理由です。カラーボックス、板、樹脂ケースなどを組み合わせながら、必要に応じて変化させて使っています。ワンルームであることも、融通のきくオープン収納も、柔軟な考え方があってこそ。この柔軟さが狭い家を上手に使いこなすコツのようです。

右）ごみ箱が場所をとるので家の中では分別せず、びん、缶、ペットボトルは同じ入れものに。入れものごとごみ集積所へ捨てに行き、そこで分別。左）浅いかごには、玉ねぎ、にんにくなど、常温保存のできる野菜を収納。

仕事部屋ゾーン。ものが増える場所なので、たくさん揃えても安価に抑えられるカラーボックスや紙箱を使って収納。「チープなものは同じものを並べるとランクアップして見える気がします」。

住まいのデータ

＊東京都在住
＊夫と２人暮らし
（一部は本人の仕事部屋）
＊ワンルーム　47㎡
＊築15年（リフォーム後３年）

Kさん
インテリアや食など、暮らしの分野の、フリーランスのライター。趣味は不動産屋めぐり。

ビニールひも、はさみ、ガムテープなど、梱包するのに必要なものは、同じかごに入れておくのが便利です。

『IKEA』の小引き出しも同じものを積み上げれば、立派な家具のように見えてくるから不思議です。文具、カメラの付属物、ソーインググッズなどを収納。

とりあえず、何でも入れておくかご。ダイニングテーブル上に紙類を置きっぱなしにしないための手段。

すべてが丸見えだからこそ、片づけが習慣に。でも、逃げ場をつくることも大切

キッチンから寝室ゾーンを見たところ。「キッチンで寝ているようなものですが、ベッドカバーさえかければ案外すっきり。だから広々感を優先しています」。左のカーテン部分がクロゼット。

クロゼットの一部にゆるやかに空けておくスペースを。届いた段ボールや、行き場のないものなどをとりあえず、ここに。「逃げ場があると精神的にラクです」。

一度着て、すぐには洗わない洋服が部屋を散らかすので、クロゼット内に指定席をつくりました。

ベッドサイドに積んだバンカーズボックスと呼ばれる段ボールは古新聞の指定席。読み終わったらすぐここへ。

茶筒だった古い缶を、ソファ前のテーブル代わりに。中には、形の定まらない大きなバッグなどを収納。

フローランスさん宅の片づけのハードル

45㎡の限られたスペースに2人暮らし＋収納なし

重厚なダイニングテーブルとキャビネットは、家族から受け継いだアンティーク。普段はテーブルを窓に寄せ、食事に仕事に活用します。

狭い家でも

フローランスさん宅の片づけのルール

その1

家具の配置は流動的に。必要に応じて置き替え、シーンに対応する

ダイニングテーブルやソファなど、場所をとる家具を動かすだけで、暮らしやすさが変わります。ホームパーティで活躍する大テーブルも、普段は窓辺に寄せてスペースを確保。

その2

ものの置き場は、そのものごとの使用頻度を考慮しながら決めてゆく

取り出しやすさは片づけやすさ。普段づかいの皿やカップはすぐ手の届く戸棚にしまい、毎日は出し入れしない道具類、リネンなどは、やや不便な場所を定位置とします。

その3

片づけたときに美しく見えるよう、並べ方や入れものを工夫する

本は大きさを揃えて並べる。見た目が統一できないリネン類は、入れものをつくってその中にまとめる。収納がないなら、見た目がごちゃごちゃして見えない工夫を重ねます。

友人を食事に招くときは、部屋の中央にテーブルを移動します。このテーブルは延長できるので、最大10人が着席可能。必要に応じて調節でき、便利です。

ダイニングのキャビネットには、クリスタルのグラスや銀器、食前酒のびんなど、お招きに必要な一式をまとめて。普段の食器は、キッチンの棚が定位置です。

有名パティスリーの広報を担当するフローランスさんは、パリでパートナーと2人暮らし。元々は1人暮らしをしていたところに彼がやってきたので、スペース不足はつねに抱えている大問題です(そのうえ、犬が2匹!)。
「限られた空間に、おのおのが荷物を持って暮らすわけですから、2人の生活をスタートする際、まず最良の家具配置を探しました。とくにソファには悩みましたが、必要に応じて動かせばいい、と」。リビングダイニングの中央に置いたソファは、テレビに対面させ、同時にリビングとダイニングを区切る仕切りに。友人が集まるときはこのソファを回転させ、一間を広々と使います。かさばる家具の配置問題が解消すると、暮らしやすさもぐんとアップ!
「収納が一切ない物件なので、ものをしまう場所選びも重要なんです。普段使うものは手元に、それ以外は脚立の必要な高い場所へ。困ってトイレにもクロゼットをつくったくらいなんですよ!」
　収納がなく、隠すことができないだけに、美しく片づけることは最優先事項。見た目を十分考慮して収納を工夫しました。この努力がそのまま実用的な使いやすさ、片づけやすさにつながっています。

普段はテーブルを窓に寄せているので、窓辺はちょっとしたデスクの延長。来週使う電車の切符や、返信の必要な書類はここに。

色づかいにも注目！
効果的なダークトーンで、
空間の印象を引き締めて

友人が集まるときは、こんな具合にソファを回転。クッションを床に置いて、大人数に対応します。ソファの向かいがテーブルになるので、移動もごくスムーズ。

白が基調のリビングダイニングの壁に、1面だけ、なす紺色を取り入れました。テレビやCDの存在感が、上手に緩和されています。

玄関にコートかけを置くのは、フランスでは一般的なこと。帰宅と同時に上着やバッグをかけられるので、とても便利。場所を取らないのもうれしい点です。

玄関の壁の小もの置きに、鍵や携帯電話などポケットの中身をざくっと出します。定位置を決めておけば散らからず、なくすこともありません。

住まいのデータ

＊フランス・パリ在住
＊パートナーと２人暮らし
＊１ＬＤＫ　45㎡
＊築30年

フローランス・フェザンさん
パティスリー会社広報担当。壁を塗ったり、既成のカーテンを丈つめしたり、自分で工夫する暮らしぶり。

テーブル下にはパソコンとリモコン、テーブル上には雑誌。見せないもの、見せるものをすみ分けします。目につく場所はすっきり！

狭いスペースを工夫した
片づけ方は、見た目に楽しく、
取り出すのも簡単

狭い寝室には、奥行きの浅いキャビネットを採用し、コンソールテーブル風に。来客用折りたたみ椅子も普段はここ。

教会の椅子はハンガーの代わり。背に衣類をかけたり、座面にたたんで置いたり。脱いだ衣類は必ずここへ、と決めるだけで部屋がすっきり。

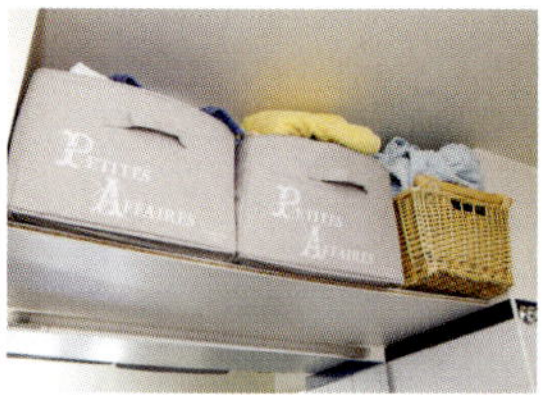

上）収納なしのアパートなのに、なぜかトイレは広々。ならば、とカーテンで仕切りをしてクロゼットに！扉の奥がバスルームなので使い勝手もよし。下）洗面台の上に板を渡し、バスタオル類を入れたケースを。

左）フローランスさん手作りのアクセサリーボードは、虫ピンにピアスをかける仕組み。飾って整頓、持ちものが一目瞭然です。右）その他の小ものはブリキのボックスにまとめ、散らかって見えない工夫をしました。

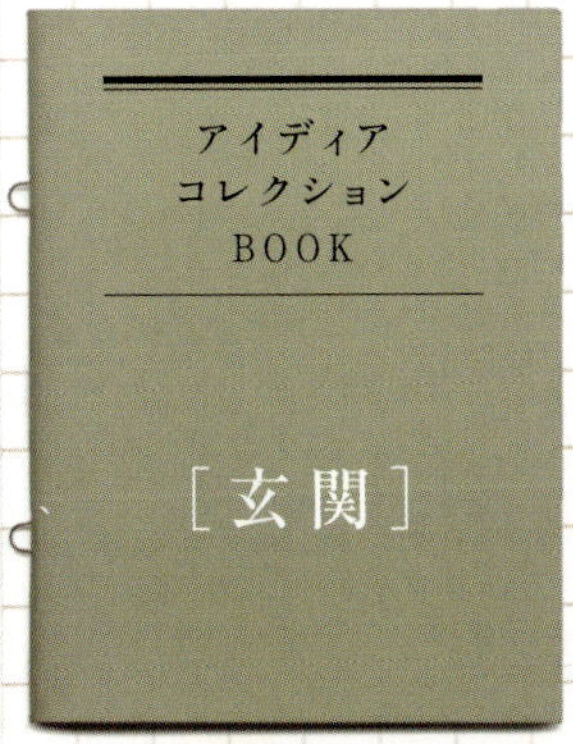

外に持ち出すものも多く、
案外、多くのものを収納する必要がある玄関。
そんな様子を見せてもらいました！

玄関横のクロゼットを開けると傘が。内側の側面にフックをつけてひっかけています。傘立てを置くより省スペース。同じく外で使う縄飛びもここに。（P110～の裕子さん宅）

玄関のクロゼット内の側面にフックをつけ、バッグを収納。形がバラバラで〝置き収納〟に向かないとの判断でこの形に。奥のつっぱり棒にはかごをかけてスリッパを収納。（P114～のKさん宅）

玄関の主役は味のある昔ながらの靴棚。スペースを無駄にしないよう、靴を上下に収納できるグッズを使用しています。大きなかごには、サッカーボールやグローブなどを収納。放り込むだけでOKなので、子ども自身で出し入れでき、土汚れのついたものがあちこち散乱という事態も避けられます。（P74～の村上さん宅）

扉の裏も無駄にせず、フックをつけて傘を収納。傘立てを置く場所がなかったので苦肉の策だそうです。（P114～のKさん宅）

玄関の内と外の掃除に必要なほうきは、玄関にあったほうが便利。気がついたときにすぐ掃除ができます。（P110～の裕子さん宅）

細かいものが日々出し入れされる場所、
それがキッチン。だからこそ、
小さな工夫がいろいろあります。

頻繁に使うから、すぐ手が届くところに置きたいコーヒードリッパーと食器洗い専用タオル。シンク前の棚が絶好の位置だったので、ヒートンをつけてかけられるように。（P36～の田辺さん宅）

冷蔵庫に貼り付けたマグネットフックが輪ゴムの定位置です。すっとひっかけられるうえ、取るのも簡単。(P114～のKさん宅)

バラバラして厄介な輪ゴム収納に、ふたに穴のあるチーズの箱がぴったりでした。取り出しやすくて便利なうえ、箱を出しっぱなしにしてもかわいいのがうれしいところ。（P18～のサルボさん宅）

スパイスや乾物は引き出しに収納。びんを逆さに入れているので、ラベルがなくても必要なものが見つかります。(P114～のＫさん宅)

頻繁に使う塩＆砂糖。急いでいるときでもさっと使うことのできる入れものが便利です。これは引き出し式。調味料を入れるところが陶製なので、清潔に保てます。（P74～の村上さん宅）

キッチンカウンターの、コーヒーメーカー横の小引き出しには、薬を収納。毎日飲むなら薬袋をテーブル上に置きっぱなしなんてせず、かわいい定位置をつくるのも手。（P104～の吉永さん宅）

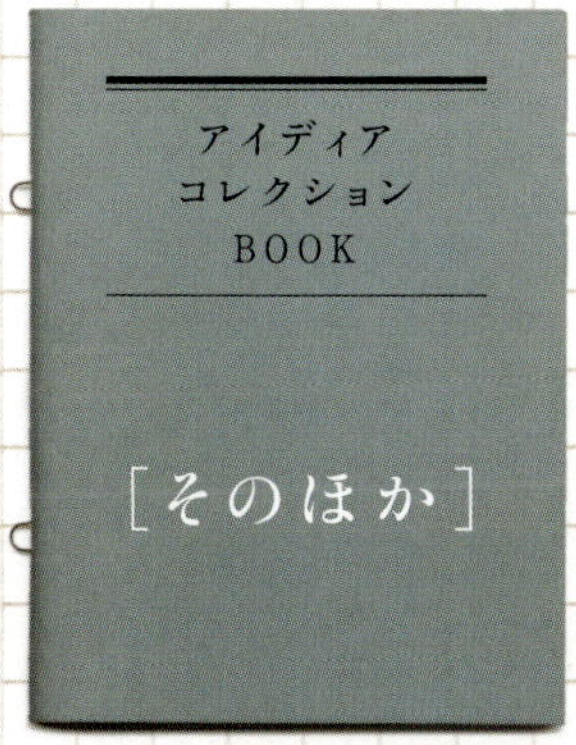

暮らしに役立つ片づけアイディアは、
ほかにもいろいろありました。
最後に、ちょこちょこ、ご紹介します。

洗濯機上のポールを、ハンガーや洗濯ピンチの収納場所に確定。洗濯ものはハンガーに吊ってからベランダに持って出るので、ここに置いておくのが便利なのだそう。（P114～のKさん宅）

コートはカバーをかけて収納すると、どれがどれだかわからなくなります。そこで、トルソーに着せて１着ずつ撮影し、それぞれに写真を貼りました。これで一目瞭然、すぐ見つかります。（P68～のkakoさん宅）

トイレに小さな棚があるだけで、本を置いたり、飾ったりに活躍してくれます。壁に穴を空けたくなかったので、元々ついていたペーパーホルダーの穴を利用して設置。（P48～の小林さん宅）

タオルバーをつけるとその前に棚が置けなくなり、案外場所ふさぎです。フックにかければ省スペースです。（P48～の小林さん宅）

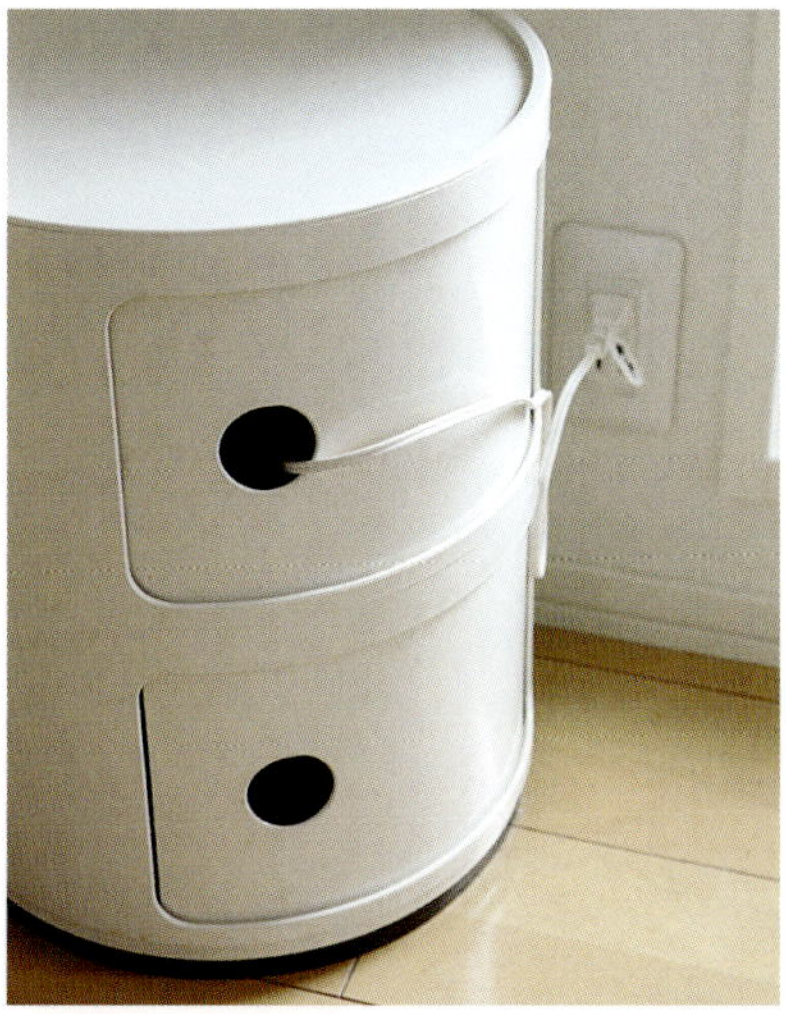

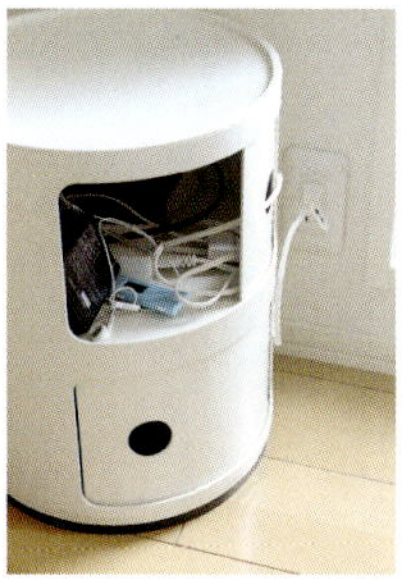

部屋の隅でごちゃごちゃする家電のコードはインテリアにとって悩みの種。そのコード類をすっきり見せるアイディアがこれ。カルテル社のコンポニビリにまとめ、充電などはこの中で。（P68～のkakoさん宅）

企画・編集・文
加藤郷子

取材・文
枝 まどか　角野恵子

撮影
安部まゆみ　今村成明　片山久子　川井裕一郎
藤本賢一　水野聖二　吉田タイスケ　TATSU

アートディレクション・デザイン
knoma

企画・編集
成美堂出版編集部［端 香里］

取材協力
イデー　http://www.idee.co.jp
OKUTA LOHAS studio　http://www.okuta.com/
0120-5959-11（直通：☎048-631-1111）

※掲載されているお宅は個人宅で、ものはすべて私物です。
現在入手できないものもありますが、ご了承ください。

収納上手にならなくてもいい 片づけのルール

編　者　成美堂出版編集部
発行者　風早健史
発行所　成美堂出版
〒162-8445　東京都新宿区新小川町1-7
電話(03)5206-8151　FAX(03)5206-8159
印　刷　凸版印刷株式会社

ISBN978-4-415-30862-3
落丁·乱丁などの不良本はお取り替えします
定価はカバーに表示してあります